再検証
犯罪被害者とその支援

私たちはもう泣かない。

鮎川潤
Ayukawa Jun

昭和堂

はじめに

裁判員に選ばれ、刑事裁判で判決を下す可能性のあるすべての人に、「犯罪被害者」について、ぜひとも知っておいていただきたいことがある。大学で、犯罪や少年非行に関する講義を聞いたり、法律に関心を持っているすべての学生に、必ず身につけてほしい知識がある。本書はこの強い思いに基づいて書かれた。

本書が中心的に取り上げる「犯罪被害者」は、犯罪の被害によって家族メンバーを失った犯罪被害者の遺族である。もっとも重大な犯罪である殺人によって家族メンバーを失った遺族は、法律上では正確には――第一章で説明するように――「犯罪被害者等」とされる。その「犯罪被害者等」のなかでも、本書は、マスメディアによってほとんど報道されることがなく忘れ去られている、二〇年以上前に少年によって子どもを殺された犯罪被害者の遺族を手がかりに考察する。

そこには、現在マスメディアが注目し、記者会見などでその意見が大きく報道される犯罪被害者遺族の発言とは異なった声と物語と生活がある。マスコミのスポットライトが当てられた犯罪被害者等の姿ではなく、日常生活を送っている普段着の犯罪被害者等の姿がある。

本書では、アメリカ合衆国の「子どもを殺された親の会」や「全国被害者支援組織」に参加したり、英国の「ヴィクティム・サポート」などを訪問したりして、犯罪被害者等への支援を検討している。そのなかで、日本ではきちんと伝えられておらず、それゆえ多くの人びとが誤解していると思われる犯罪被害者等の姿が示される。犯罪被害者等の支援にあたって、大前提として大きく異なる制度や実際の状況についてきちんと認識した上で、日本における犯罪被害者等支援に取り入れられるべき点は取り入れる必要があることを提言する。

また、本書ではマスメディアによる犯罪や犯罪被害者等に関する報道についても検討する。とりわけ日本が批准した国際規約や条約がまったく顧慮されることなく犯罪報道が行なわれており、それが犯罪と犯罪被害者等に関する人びとの認識にどれほど致命的な欠陥をもたらしているのかということを指摘する。急速に国際化が進展するもとで、国連、その理事会や国際情勢を視野に入れた上で、犯罪被害者等への支援をさらに推進することの重要性を説く。

以上が本書のおおまかな流れであるが、じつは筆者は、書き進むのにこれほどエネルギーを使った本はない。裁判員となる可能性のある読者、大学生の読者とともに、犯罪被害者、犯罪被害者の遺族、犯罪被害者等の支援をされているかたがた、マスメディアの関係者にも語りかけた。本書のこうした語りの試みがどれほど朴訥であったとしても、犯罪と少年非行の分野を三〇年にわたって研究してきた者として、現在の刑事司法の歴史的分岐点を前に、筆者は本書を執筆して公表する使命を負っていると考えた。

筆者の能力は乏しく至らないものではあるが、直接的あるいは間接的に税金の援助を得てフルブライト研究員として米国の大学で学んだり、スウェーデン国立犯罪防止委員会や英国ケンブリッジ大学で研究したりする機会を与えていただいた。その過程で日本の刑事司法について国際的な視点から捉えなおす重要性を痛感してきた。裁判員として選ばれ、刑事裁判に携わる可能性のあるすべての国民のかたに、また日本に住んでおられるすべての人に、世界的な視点を提供して少しでもご恩返しができればと願っている。

人生において直接的間接的にお世話になったかたがたへのお礼、心温かな特別な配慮をしてくださった国内外のかたがたへの感謝と、至らなさのために十分にお応えできなかったかたがたへのお詫びをこめてこの本を上梓したい。とりわけ、一九九〇年から一九九一年にかけてスウェーデンに留学した際に、毎週末のように森の散歩に誘ってくださり、本書の礎となった犯罪への対応に関する基本的な考え方を説いてくださったKnut & Britt Sveri（クヌートとブリット・スヴェリ）ストックホルム大学犯罪学部名誉教授ご夫妻に本書を捧げたい。

蟋蟀《こおろぎ》は鳴き続けたり嵐の夜（悠々）

再検証　犯罪被害者とその支援

目次

第3章 ある少年殺人事件の犯罪被害者等……46

第4章 生活者としての殺人事件の犯罪被害者等……75

第1章

「犯罪被害者等」とその支援

1.「犯罪被害者『等』」とは誰か

犯罪とは、一般的にはある状況においてある人（々）がある目的を達成するために法律に違反する行為をすることだ。その行為の目的は、ある物を手に入れ、その物が持つ効用によって満足を得る――ある物を得ることは一つの手段――という場合もあれば、ある行為をすること自体が目的となっている場合もある。前者であれば、被害者は所有者であり、後者であれば――憎い相手を殺すといった場合のように――被害者はまさしく犯罪の目標（ターゲット）である。ある物を入手する場合にも、そのときにそれを保持していた人に暴力をふるって奪えば、暴力をふるわれた人とその物の所有者が被害者ということになる。

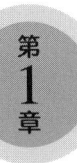

じつは、刑法や特別法などの刑事法では、「保護法益」という概念のもとに、保護されるべき対象として人の生命、身体、健康、人格や財産などを措定している。犯罪によってその侵害を受けた人が犯罪被害者ということになる。

ただし、犯罪ではないのに犯罪被害者が存在する場合もある。[1] 犯罪は、厳密には、刑事法の条文の「構成要件に該当し、違法で有責な行為」と定義される。同一の外見を持った行為でも、それが「違法」でなければ犯罪とはならない。たとえば、正当防衛や兵隊として戦場で戦闘行為をしているような場合、人を殺したとしても殺人罪に問われることはない。「有責」ではないというのは、たとえば他人を傷つけるという行為が行なわれたが、その行為者が重度の精神障害やその他の何らかの影響で行為時に「心神喪失」状態にあったような場合である。[2] 正当防衛であれば、それを認められた者のほうがじつは被害者と呼ばれるべき状態だったということもできる。しかし、心神喪失者によって命を奪われたり、傷を負わされたりした人は犯罪被害者というべきであろう。じつは日本で、犯罪被害者に対する支援が必要であるという訴えは、心神喪失者によって子どもを殺された遺族が起こした活動が原点となっているのである。

犯罪は、その犯罪行為の直接的なターゲットとなった人やターゲットとなった目標物の所有者ばかりではなく、その周囲の人に対しても被害を及ぼす。とりわけ人命が失われたり、重度の障害を負わされたりした場合、その家族へ精神的にも経済的にも甚大な被害を及ぼすことが多い。

犯罪被害者に関する法律を見た人は、そこに一つの不思議な字が入っていることに気がついたことだろう。日本で犯罪被害者のために最初にできた法律は「犯罪被害者等給付金支給法」である。犯罪被害者に対する中心的な法律は「犯罪被害者等基本法」である。そこには「等」という文字が入っている。

「犯罪被害者等給付金支給法」は二〇〇八年に改正されて「犯罪被害者等給付金の支給等による犯罪被害者等の支援に関する法律」となったが、その第一条の「目的」では「この法律は、犯罪行為により不慮の死を遂げた者の遺族又は重症病を負い若しくは障害が残った者の犯罪被害等を早期に軽減するとともに、これらの者が再び平穏な生活を営むことができるように支援するため」と謳われている。この文では本人より先に遺族に言及されている。「犯罪被害者等基本法」の第二条「定義」では「この法律において『犯罪被害者等』とは、犯罪等により害を被った者及びその家族又は遺族をいう」となっている。「犯罪被害者」と一般に呼ばれているのは、実質的に法律の上では「犯罪被害者等」であり、そこにはとりわけ遺族が含まれているのである。

日本でもっとも活発に運動を展開し、マスメディアを通じて他の追随を許さぬ社会的影響力を持ち、刑事訴訟法や少年法が改正されて犯罪被害者の権利が認められたり、犯罪被害者の支援制度が拡充されたりするのにもっとも貢献した二つの犯罪被害者の団体は、「全国犯罪被害者の会（あすの会）」と「少年犯罪被害当事者の会」である。

「全国犯罪被害者の会」の代表幹事は妻を殺された弁護士である。この組織の幹事のうち弁護士や学者を除くほとんどは、家族メンバーを殺された遺族である「犯罪被害者等」であり、ごく少数の家族メンバーが重傷を負わされた「犯罪被害者等」が加わっている。「少年犯罪被害当事者の会」は、高校生の息子を少年によって殺された両親が呼びかけ、賛同して集まった子どもを殺された親たちによって結成されて運営されている。「少年犯罪被害当事者」の『当事者』とはじつは「遺族」である。こうしたことから、刑事訴訟法や少年法の改正によって刑事司法や少年司法が改革されたり、犯罪被害者等基本計画が制定されて推進されたりして、新たに設けられたり拡充された重要な制度や施策には犯罪被害者の遺族に関係するものが多い(3)。

したがって、本書では、中心的に「犯罪被害者等」を考察することとし、もっとも重大で深刻な犯罪である殺人の被害を受けた遺族を取り上げ、第二章以下で検討を深めていくこととしたい。

2. 日本における犯罪被害者等支援の発展

しばしば欧米よりも三〇年遅れていると言われていた日本の犯罪被害者等の支援は、一九九〇年代後半以降飛躍的に発展した。

とりわけ一九九五年に発生したオウム真理教による地下鉄サリン事件、一九九七年に発生した神戸連続児童殺傷事件などに社会的な注目が集まり、犯罪被害者等に対する支援の必要性が強く認識されることとなった。それとともに「全国犯罪被害者の会」「少年犯罪被害当事者の会」などの犯罪被害者団体による活発な法改正、立法、制度の充実を求める運動が展開された。こうした運動に対するマスメディアの理解ある支持的な報道が功を奏し、政府による積極的で大規模な取り組みが行なわれたといってよいだろう。制度的には他の先進国に引けを取らないものに発展した、いや世界の最高レベルにまで到達したといえるほどである。

まず日本では、犯罪被害者や遺族の保証や支援に支出される費用の財源は、罰金収入などによるのではなく、国家の一般財源から支出されており、経済的基盤としても非常に安定していることが重要な特徴である。

二〇〇〇年以降、法改正が相次いだ。この年、刑事訴訟法改正によって、証人尋問や傍聴の際に犯罪被害者等に付添人がついたり、被告人に見られて萎縮したりしなくてすむように証人尋問の際に遮蔽が設けられるようになった。さらに､別室にいて裁判官等の質問に対して答え、その映像が法廷内のモニターに提示されるビデオリンクによる証人尋問も可能となった。性犯罪の告訴期間の制限の撤廃、被害者等による意見陳述が認められるようになった。なお二〇一七年、「強制性交等」などの性犯罪の親告罪の規定が廃止された。

刑事訴訟法改正と同時に「犯罪被害者等の保護を図るための刑事手続に付随する措置に関する法律」が成立した。この法律によって、被害者等への傍聴の配慮、公判継続中の被害者等による公判記録の閲覧謄写、民事上の和解を記載した公判調書への執行力の付与も認められることになった。この年、少年法の改正も行なわれた。被害者等による記録の閲覧と謄写が認められ、被害者等の申し出による意見の聴取が行なわれるようになり、被害者等に対する審判結果の通知がされるようになった。

二〇〇一年三月に「被害者等通知制度」の要領が改正された後、四月には犯罪被害者等給付金支給法が改正され、重傷病給付金の新設、その他の金額の大幅増額がなされた。さらに犯罪被害者等早期援助団体に関する規定が設けられ、警察との連携に根拠が与えられることとなった。そのため、この法律は前節で述べたように改称された。

二〇〇四年一二月には犯罪被害者等基本法が成立し、翌年四月から施行された。これは日本

の法制史に残る画期的な出来事である。犯罪被害者等基本法では、

1. 犯罪被害者等は個人の尊厳が尊重され、その尊厳にふさわしい処遇を保障される権利を有する
2. 被害の状況及び原因、犯罪被害者等が置かれている状況等の事情に応じた適切な施策を講じる
3. 再び平穏な生活を営めるまでの間、途切れることなく支援を行なう

ことが謳われた。

この基本原則に「国民の総意を形成しながら展開されること」を加えたものが犯罪被害者等基本計画の基本方針とされた。そして、重点課題として次の五つが設定された。

1. 損害回復・経済的支援等への取組
2. 精神的・身体的被害の回復・防止への取組
3. 刑事手続への関与充実への取組
4. 支援等のための体制整備への取組

5．国民の理解の増進と配慮・協力の確保への取組

二〇〇五年に、この重点課題について検討する基本計画推進専門委員会等会議が設けられた。この会議によって、速やかに取り組む二一一の施策、一年以内に実施したり結論を得る一四の施策、同じく二年以内の二六施策、三年以内の三施策が決定された。

これに基づいてすでに実施された代表的な法改正としては、

1．刑事裁判における被害者参加制度と被害者参加人のための国選弁護制度の創設
2．損害賠償命令制度の創設
3．少年審判における傍聴制度の創設

がある。代表的な施策としては、

1．犯罪被害者等給付制度の拡充
2．犯罪被害者等支援ハンドブック・モデル案の作成
3．研修カリキュラム・モデル案の作成

などがある。(4)

4．犯罪被害者等早期援助団体とその指定を目指す団体への援助の拡充

一九八一年に犯罪被害者等給付金支給法が施行された際には、法律制定の提唱者の国会での訴えもむなしく、この法律が過去の犯罪被害者に対して遡って適用されて給付金が支給されるということはなかった。しかし、二〇〇八年には「オウム真理教犯罪被害者等を救済するための給付金の支給に関する法律」が成立し、地下鉄サリン事件の被害者等に給付金の増額が支給された。

さらに、二〇一〇年四月に刑事訴訟法等が改正され、殺人、強盗殺人、強盗致死、強盗強姦致死など人を死亡させた犯罪で最高刑として死刑が定められている犯罪の公訴時効は廃止された。なお、二〇一七年の刑法改正によって、強姦と準強姦は「強制性交等」と「準強制性交等」となり、被害者の性別は問われず、肛門、口腔も含まれることとなった。親告罪の規定が外され、法定刑の下限が引き上げられた。また「監護者性交等」及び「監護者わいせつ」が新設された。

なお、話を公訴時効へ戻せば、二〇〇五年にも改正が行なわれており、従来の一五年から二五年へと公訴時効成立までの期間が延長された。これ以外の人を死亡させた犯罪で、強制わ

いせつ致死、強姦致死等は、二〇〇五年に従来の一〇年から一五年へと改正されていたところ三〇年に、傷害致死、危険運転致死等は、二〇〇五年に従来の七年から一〇年に改正されていたところ二〇一〇年に、自動車運転過失致死、業務上過失致死等は一〇年にというように、二〇〇五年の改正時の二倍へと延長された。公訴時効の廃止や延長は、すでに発生しまだ公訴時効の完成に至っていない事件にも適用されることとされた。

公訴時効の廃止や延長は「全国犯罪被害者の会（あすの会）」によって要望されていたが、この団体のメンバーで、まだ犯人が逮捕されていない殺人事件の被害者の遺族によって二〇〇九年に結成された「殺人事件被害者遺族の会（宙の会）」がその実現に大きな役割を果たした。

この改正に関しては、前回の改正からわずか五年しか経ておらず、前回の改正の効果の検証も行なわれていないため、時期尚早とする反対論もあった。また、時効の完成に至っていないもののすでに発生した事件に対して、時効の廃止や延長の法改正を適用するのは、事件後に重くした「刑罰」を遡って適用することになり、憲法第三九条で定められた不遡及の原則に反するとして反対する刑事法学者も少なからずいたが、時効が間近に迫っている殺人事件の被害者の遺族を救済するという趣旨のもとで容れられ、改正が行なわれた即日に施行された。(5)

3. 本書のテーマ

二〇〇〇年以降、前述したように、犯罪被害者等基本法などの立法、刑事訴訟法や少年法の改正、犯罪被害者等基本計画の制定とそれに基づく施策など、犯罪被害者等に対する支援は大きく躍進した。今後、これらの制度と施策が着実に実施され、推進されていくことを期待したい。(6)

ただ、あまりにも短い期間に刑事司法の根幹にかかわる制度に重大な影響を与える変革がなされた点があることは否めない。犯罪被害者等に対する支援の検討の過程で、見落とされてしまっていることはないだろうか。はたして司法システムとくに刑事司法システム全体との調整や調和が欠落してしまっているようなことはないだろうか。欧米の制度に学んだりそれらを取り入れて承継したりした際に、根本的なことが無視されたり、配慮されていなかったりする点はないだろうか。

とりわけ日本では、犯罪被害者等に対する支援とは別に、裁判員制度の導入をはじめとして刑事司法制度を根本的に改変する司法制度改革が計画され推進されてきた。そうした諸改革とのすりあわせが十分には行なわれてこなかったことは否みえない事実であり、また複数の新たな制度が重ね合わさったときに発生する思わぬ問題などについては十分に予測しえなかった点もある。

本書では、マスメディアによってほとんど報道されることはなく、一般の人びとの目に触れることも、まして注目を集めることもない、二〇年以上前に家族メンバーを殺害されるという被害にあった「犯罪被害者等」のケースを取り上げて検討することとしたい。彼らへの支援は、近年、大きく躍進して整備された犯罪被害者等への支援においてもまったく見逃されてしまっている。

マスメディアによって犯罪被害者等を代表するものとして伝えられているのは、「全国犯罪被害者の会（あすの会）」と「少年犯罪被害当事者の会」の、犯罪によって家族メンバーを殺された人びとである。これらの団体の活動や要求はマスメディアによって大きく報道され、関係大臣に要望書を提出したり、団体のメンバーが政府の審議会の委員になったり、検討や推進のための委員会に加わったりして、犯罪被害者等に対する支援が整備されることに重要な貢献をした。

しかしながら、こうした団体のメンバーとは異なる犯罪被害者等がいることも事実である。その姿と声はマスメディアによって広く人びとに知らされることはほとんどない。その人たちは組織化された被害者団体とは異なる考えや意見を持っているかもしれない。本書は、そうしたマスメディアによって取り上げられることがほとんどない犯罪被害者の遺族の姿と声を届けようとする試みである。見落とされてきたこれらの人びとの行為と生活に着目し、その考えに耳を傾けることによって、急速に推進されてきた犯罪被害者等支援の陰で欠落している重大な問題点も明らかになるように思われる。

ただ、こうしたケースについて見ていく前に、犯罪や犯罪被害者等について私たちはマスメディアを通じてほとんどの知識を得ているので、そうしたマスメディアによる犯罪報道の問題点について確認することとしよう。

注

(1) 逆に犯罪被害者はいないのだが犯罪が成立する場合もある。こうした犯罪は「被害者なき犯罪(victimless crime)」と呼ばれている。たとえば同性愛について、一九六〇年代のアメリカ合衆国では、自宅内の合意による同性愛行為についても刑事罰を科して禁止していた州もあった。

(2) あるいは、一四歳未満の子どもによって、犯罪に該当する行為が行なわれたような場合もこれに該当する。日本の刑法では一四歳未満の少年には刑事責任がないと定められている。

(3)「全国犯罪被害者の会(あすの会)」と先に言及した「少年犯罪被害当事者の会」は、わが国における犯罪被害者問題についてそれぞれの領域で「オーナーシップ」を持っていたといってもよいと考えられる。とりわけ「全国犯罪被害者の会」が、犯罪被害者等の権利を尊重した支援制度を整えるにあたって大きな指導力と影響力を発揮することができたのは、団体の代表が殺人事件の被害者の遺族であるとともに日弁連の副会長を経験した弁護士であり、その発言や意向が軽視しえない正当性を持っていたこと、その社会的地位から政府の犯罪被害者等に関する審議会等の委員にも選ばれえたことが大きい。さらに熱意のある弁護士たちによるバックアップチームが組織され、政府への働きかけや審議会への出席にあたっては、専門的観点から多角的な検討を行ない、審議会で検討に値する完成度の高い法案を提出したり、詳細な知識を付与されて戦略も練られた上で出席して発言したりすることが可能であったことがある。クレイム申し立て者が、申し立て段階に留まらず、それへの対策を検討する専門家の委員会のメンバーとしても参加して活躍するというアドバンテージに恵まれ、それを最も有効に発揮したということができよう。(Best, Joel. *Social Problems*, 2008, New York: W.W. Norton.)

(4) 以上の「犯罪被害者等基本法」、「犯罪被害者等基本計画」と代表的な法改正と施策の説明の引用は、内閣府編『犯罪被害者白書』(平成二一年版・平成二二年版)によっている。

(5) 警察関係者からは、公訴時効が廃止されたような事件の解決率は約八割で、その九割程度が発生から一年未満に犯人が検挙されており、それ以降はあまり検挙が伸びないことが指摘されていた。(『法制審議会　刑事法(公訴時効関係)部会　第五回会議録』平成二二年一月二〇日)

(6) 二〇一一年三月、第二次犯罪被害者等基本計画が閣議決定によって策定された。

第2章 マスメディアと犯罪報道、犯罪被害者等

1. はじめに

悲惨な犯罪に関する報道を目にしない日はない。被害にあった人のつらさ、亡くなった人の無念さと大切な人を亡くした人の悲しみに思いが至る。とりわけ落ち度もないのに、いわれもなく被害を受けた人のつらさは痛いほどに感じられる。それとともに、そのような打撃を与え甚大な被害を及ぼした犯罪の行為者に対する怒りの感情が沸き起こる。厳しく罰せられるべきであり、裁判で重罰が下ることを望む。「目には目を、歯には歯を」のタリオの原則で償うべきではないかと考える。

とりわけ無辜のものが命を奪われて違反者が生き残っているような場合、憤りの念は収まら

ず、自らの命で償うのが当然だという気持ちにもなる。いや、はたしてそれで十分であろうか、被害者が恐怖や苦痛を味わされて命を失ったのであれば、それと同等の苦しみを伴って命を奪われても当然ではないかと思ったりもする。

しかし、現代社会の刑罰体系はそうはなっていない。ヨーロッパ諸国であれば、社会奉仕命令、罰金、保護観察、コミュニティ矯正、自由刑などが、日本であれば、科料、拘留、禁錮、罰金、懲役、死刑が課される。裁判所で下される判決の多くは、犯罪被害者等を満足させるものではない。

最高刑としての死刑は、日本、中国、アメリカ合衆国の三十余州、東アジア、イスラムの諸国で科されている。現在もイスラム諸国で行なわれており、中国でも最近まで行なわれていた公開処刑は、単に見せしめ的な一般予防ばかりではなく、観衆に見られて不名誉な死を遂げるというように、犯罪者に辱めを与える効果もあるように考えられる。しかし、傷害致死であれ殺人であれ、それによって被害者の尊い命が蘇ることはない、生身の人間として語り合い楽しい時をともに過ごしたことはもはや思い出だけにしか残らず、元へ戻すことはできない。

マスメディアによる報道では速報性が重視される。テレビニュースはもとより新聞でも「特落ち」は許されない。テレビニュースのカメラマンはインパクトのある映像を撮ろうと、新聞記者は事件関係者から少しでも記事に盛り込める自分たちにとって重要と考えられる情報を得ようと必死になる。その結果、被害者や被害者の遺族が、配慮を欠いた取材や報道により不愉快な思いをすることも起きる。

犯罪被害者の遺族が遺体の第一発見者であった場合、警察は第一発見者を容疑者の候補とするのを常道としており、すでにその段階で犯罪被害者等はなぜ自分がそのような目で見られなければならないのかと非常に不愉快な思いをしたに違いない。しかし、そうしたことはマスコミの記者にとっては無関係であり、あくまで事件、捜査の進展、犯人の割り出し、逮捕が主要な関心事であり、犯罪被害者等に無遠慮な取材活動が行なわれれば、犯罪被害者等は二重に苦しめられることになる。

2. 犯罪被害者等に対する取材の問題点

犯罪が起きると、マスメディアは、捜査を担当する警察、事件関係者に集中的な取材を行ない、われ先にと報道を競い合う。それは「集中豪雨的報道」、「メディアスクラム」という言葉で表現されている。

犯罪被害者団体は、こうしたテレビ局による犯罪被害者に対する取材活動を「無神経、無遠慮」と批判し、「イナゴ取材」とまで呼んでいる。犯罪被害者等が、登山用の防虫スプレーをかざして報道陣を追い払って自宅から外出したというエピソードまで語られている。[1] 事件直後や、その後のニュース価値のある出来事が発生した際に、大群となって犯罪被害者等に押し寄せて、一定時間が経過すると一斉に飛び去っていくというイメージである。(残念ながら私自身はイナゴの大群を見たことはないのだが、それはおそらく農薬が大量に散布されるようになって以降に私が育ったということなのであろう)。

日本には、民間放送と公共放送を合わせて六系列局しかないのに、それほどの競争になるというのは、やはりテレビ局はインパクトのある映像を撮りたいし、何か一言コメントをカメラに収めたいということであろう。

二〇〇九年四月、放送倫理・番組向上機構（BPO）の「放送倫理検証委員会」は山口県光市で一九九九年に起きた母子殺害事件の差戻し控訴審を扱った八局のテレビ番組について、被告人（犯行時少年）と弁護団に対して不公平で不正確な報道を行なったという見解を発表した。このように、ワイドショー等において、むしろ犯罪被害者等の立場を代弁するかのごとくに容疑者や被告人さらには弁護士に対する非難を表現し、視聴者の間に処罰感情を醸成する傾向を持っていると思われるテレビメディアが、犯罪被害者等からけっして歓迎されていないというのは、テレビ局にとって皮肉な現象のようにも思われる。

私自身が夕方のテレビのローカルニュースでコメントなどをした経験によれば、テレビ局はニュース報道においては、犯罪被害者等のプライヴァシーなどについてかなり配慮しているように思われた。思い浮かんでくるものをいくつか挙げてみよう。たとえば、被害者の両親が離婚しているような場合、そのことが分からないように報道する。被害女性本人があるいは母子家庭で被害者の母親が風俗関係の仕事に勤めていた場合、そのことが分からない表現にする。殺人事件で、明確な性犯罪ではないのだけれども、その片鱗をうかがわせるような証拠がたとえ現場に残っていたとしてもそのことには触れない。自宅で起きた殺人事件で、警察が家族メンバーの一人を実際には第一容疑者と考えながら任意で事情聴取を行なっているような場合、事情聴取されていることについて触れない。ホームレスの人が殺人事件の被害者になった場合、その人がホームレスとなった家庭の事情については言及しない、などである。

マスメディアは、以上のように、犯罪被害者等の氏名住所などを知った上で、報道にあたっての配慮を行なっており、警察が犯罪被害者等について記者会見において匿名で発表する以外の方法で、前記の「イナゴ取材」と呼ばれるような現象をなくす方法を見つけることができるのではないだろうか。法執行機関によって情報操作が行なわれて、憲法で保障された言論、表現の自由、国民の知る権利が実質的に制約を受けてしまうようなことは可能な限り避けるのが望ましい。いずれにせよ、テレビ局に犯罪被害者等に対して十分に配慮した取材活動を行なうように望みたい。

3. 犯罪被害者等に持続的に寄り添わないマスメディア

「イナゴ取材」とまで犯罪被害者等から呼ばれる事態が起きるのは、マスメディア、とりわけテレビメディアが、そのときだけ人びとの注意をひきつければいい、そのときの視聴率さえ稼げればいいというように考えて、取材活動を行なう傾向があるためではないだろうか[2]。

「お前はただの現在にすぎない」というのは東京のキー局のテレビ放送を退社して制作会社を興して成功させた有名なディレクターが残した言葉であった。私は、「ただの」とは思わないし、「すぎない」とも思わない。テレビは記録性もあれば、絶大な影響力を持っている。それでも、私自身がテレビのニュース番組で女性キャスターの隣に座ってコメンテーターの役をしていた経験から言っても、テレビはその一瞬、一瞬の濃縮された時間に生きていると思う。テレビ報道ほど瞬間的ではないが、新聞もまたその時々の現在への関心が顕著である。

マスメディアの関係者が被害者やその遺族に長年にわたって寄り添っていくということは容易ではない。特集の製作のために数年間にわたる取材をしたり、協力関係を形成したりということはあるであろうが、何十年かにわたって人生をともにするというようなことはあまり考えられない。それはメディアの特性であり、非難されるべきことではないだろう。雑誌記者であったり、あるいはドキュメンタリーやルポルタージュ、本や雑誌の世界で生活している作家やライターであったりすれば可能かもしれない。ただし、そうした場合でも、それが読者の強い関心を引き、商業的に利益が得られるであろうという見込みがない場合は、そのテーマを選択して持続的に何十年にもわたってコンタクトを取って取材し続けるということは見込めないであろう。

筆者は、マスメディア関係者のように短時間で要領よくまとめる能力に乏しいが、幸いなことに短期の期限に追われる必要がなく、また商業的なことを考慮する必要もなく、長年にわたって犯罪被害者遺族と接する機会に恵まれた。その接し方はマスメディアのかたとは異なる。主要には、ある殺人事件の複数の犯罪被害者遺族と断続的ながら約二〇年にわたる交流がある。取材対象でもなく、研究対象でもない友人的な関係で今日まで至っている。その犯罪被害者遺族は、最近のテレビ、新聞はもとより雑誌や書籍などのマスメディアにしばしば登場する犯罪被害者やその遺族のかた、とりわけ組織化された犯罪被害者の団体に所属しておられるかたの姿とは大きく異なる。最近発生した犯罪の被害者等や、現在裁判が進行中である犯罪被害者等はマスメディアにしばしば登場する。なかには社会的に非常に注目されており、そのかたが出された本に基づいて映画が作られたりもしている。また裁判は終わっているけれども、法律の改正を求める運動に携わったり、犯罪被害者の団体を組織されたり、あるいはその組織の有力なメンバーであったりするかたもマスメディアに登場する。犯罪被害者の遺族の団体が年に数回犯罪被害者をしのぶイベントを継続的に行なって、犯罪被害者等への理解や支援を促進するキャンペーン活動を行なっているような場合には、さらに定期的にマスメディアに登場し、主催者やゲストとして紹介され、挨拶したり、講演したり、審議会で議論したり、メッセージを発したり、記者会見の席でライトを浴びて質疑応答される。しかし、そうした犯罪被害者等の団体に所属していない人、さらに犯罪被害者の運動が活発化し組織化される以前の犯罪被害者等の姿がマスメディアで伝えられることはほとんどない。

前章の最後で述べたように、筆者が本書で主要に取り上げようとしているのは、通常のマスメディアに登場することのない、二〇年ほど前に家族メンバーが殺人の被害にあった遺族、とくに少年によって自分の子どもの命を奪われた親たちである。その普段着のままで生活している姿である。筆者は、それらの犯罪被害者等をとくに意識的に研究対象として交際してきたわけではないので、その人の話にあいまいな点がある場合や、今まで言っていたことと違うことを言ったような場合も、どちらが正しいのかというように確認することはせず、そのまま聞いてきている。当然ながら、自分たちの会話を録音テープやICレコーダーに記録するようなこともしてきていない。人間の語りの中での記憶は不思議なものである。とくに5W1Hのうち、When は曖昧化しやすいように思う。ある過去の経験について語っているような場合、そのとき同時にあるいはその前後に何か特別なことが起きたりしていれば、その時期を確定できるが、そうではない限りいつのことだったのかはっきりはしないものである。したがって時期についてはあいまいなままで会話は流れていっている。話を伺っていて、それはいつのことだったのかとあえて問いただして時期的な事実関係を明確にしようなどとは考えなかった。主観的にそう思っているのがその人の生活世界であり、曖昧なままの記憶に基づいて人は行動し生きている。それこそが生きられた現実なのである。

その紹介は次章以下で行なうこととしたい。というのは、その前にマスメディアによる犯罪に関する報道について確認し、指摘しておかなければならないことがあるからだ。

4. 国際条約による限界の認識

まず、ある記事を取り上げよう。犯行時一七歳の少年（判決時は二〇歳）が、民家に侵入し、その住民二人に対して強盗殺人を行なったという事件について、家庭裁判所から検察官送致され、金沢地方裁判所に起訴されて、無期懲役の判決が下りた際の新聞による報道記事の部分である。

金沢・夫婦強殺　当時一七歳に無期　「死刑にすべき事案」　地裁判決（見出し――引用者）

……判決によると〇四年九月一三日、被告は運転免許取得費用を盗むため、会社役員のXさん（当時六六歳）方に侵入。Xさんと妻Yさん（同六四歳）をナイフなどで刺して殺害。現金三七〇〇円などを奪った。金沢家裁は〇四年一〇月、少年審判で検察官送致（逆送）を決定していた。

被告は、公判などで「殺人願望がある」などと述べ、家庭内暴力を繰り返していた成育環境や、責任能力の有無が焦点になった。しかし精神鑑定は責任能力を認め、検察側は「計画性があり、反省の態度が見られない。死刑をもって処断すべき」として、一八歳未満で死刑相当の場合は無期刑を科すとした少年法を適用し、無期懲役を求刑していた。

堀内裁判長は主文言い渡しの前に判決理由を述べた。検察側の主張を認めて、「被告は非社会性人格障害にあたるが、当時は完全責任能力があった。冷酷無情というほかない」とした。

判決後、Xさん夫婦の長女（四二）と長男（三九）は「悪かったと思っているなら、命が続く限り態度で表してほしい。死刑は当然だが、裁判所がそれを認めてくれた。ただ、これを機に少年にも死刑を適用できるよう法を見直してほしい」などと語った。(3)

おそらくこの記事を読んで違和感を持たれる読者は少ないのではないだろうか。

両親の命をいわれなく奪われた子どもたちの怒りと悲しみは非常に深いものがある。死刑の判決を下して、自らの命で償ってもらいたいという気持ちを遺族が持つことは十分に理解できる。「これを機に少年にも死刑を適用できるよう法を見直してほしい」という希望を持ったとしても不思議ではない。この場合の「少年」というのは「一八歳未満の」少年をいい、「一八歳未満の少年に対しても死刑を適用できるよう法を見直してほしい」ということであろう。（犯行時一八歳以上二〇歳未満の少年に対しては、現在でも死刑の判決を下すことは可能だからである）。

遺族の発言を記者が記事としてそのまま伝えたというのは、一八歳未満の少年に対して死刑を課するのを適切というように記者が肯定しているためであったのかもしれない。そこまではいわないまでも、少なくとも一八歳未満を死刑にすることは可能であり、その実現が遺族によって望まれており、そうした要望はそのまま記事として読者に伝えるに値するものだと記者が考えているということはできると思われる。読者のなかには、「そのとおりだ」というように遺族の考えに共鳴する人も多いのではないだろうか。遺族のためにこのことが実現することを願ったり、陰ながら遺族の力になりたいというように考えたりする読者もあるかもしれない。しかし、このことは実現可能であろうか？

じつは少年法を見直しても一八歳未満の少年に死刑を適用することは実現できない。いかなる法を見直し、整備し、改正したり制定したりしたとしても、一八歳未満の少年に死刑を科することはできないのである。法が不備だから改正されるべきだ、改正されるのが望ましいというレベルで解決がもたらされる課題ではない。

そうした基本的な知識をこの記者は持っていないことをこの記事はうかがわせる。不可能なことをできるかもしれないように誤解させるような記事を書くことは、世論の形成に影響力を持つ全国紙の記者としての矜持にもとることといわざるをえない。「少年法は悪法である」というイメージと少年法に対するフラストレーションや怒りが昂進されるだけである。

筆者は、大学の授業で、少年法を改正して死刑を科すことができる年齢を下げることは可能か、可能であるとすればどこまで下げることができるかと、学生にしばしば質問する。学生のなかには、まず、未成年は死刑にならないと考えている学生がいる。というよりも、むしろ、意外なことに、現在、一八歳以上であれば死刑判決を下すことが可能だということを知っている学生のほうが少ない。それでは、何歳まで下げるのが可能か、望ましいと思うかと質問してみる。

ここでは二〇〇九年に大学の一年生を対象とした「犯罪と法」というタイトルの刑事法のイントロダクション的な半期ものの講義で行なったアンケート結果をお見せしよう。回答方法は

表1　少年の死刑

現在の法律で未成年を死刑にできるか

回　答	人	%
できる	66	25.8
できない	184	71.9
無効	6	2.3
合　計	256	100.0

表2　死刑可能年齢

何歳から死刑を科してもいいと思うか

回　答	人	%
0歳	13	5.1
8歳	2	0.8
9歳	1	0.4
10歳	2	0.8
11歳	0	0.0
12歳	12	4.7
13歳	8	3.1
14歳	8	3.1
15歳	39	15.2
16歳	35	13.7
17歳	4	1.6
18歳	86	33.6
19歳	2	0.8
20歳	23	9.0
23歳	2	0.8
25歳	1	0.4
少年の死刑反対	2	0.8
死刑制度反対	6	2.3
無効	10	3.9
合　計	256	100.0

〔注〕何歳でも可能は0歳、中学生以上は12歳、13～14は13歳、中学卒業・高校入学以上は15歳とした。

自由記述である。

「現在の法律で、未成年を死刑にできるか?」という問いに対する回答は表1である。「できる」と答えたものは二六%、「できない」と答えたものは七二%、その他二%である。先に述べたように、予想に反して二〇歳未満は現在の法律では死刑にできないと思っている学生の方が圧倒的に多い。

次に、「何歳から死刑を科してもいいと思うか?」という問いに対する回答は表2である。いうまでもなく講義はアンケートを取ることを目的としてやっているわけではないので、この年は連続した二問に対して記述で解答してもらったが、いつもは挙手をしてもらっている。挙手や記入をしてもらった後、実際に学生に当てて聞いてみた場合でも、学生は死刑判決を下すことのできる年齢を一八歳以下へ引き下げることができないことを知らない[4]。今回のアンケートでは、第二問に対して「一八歳」と答えた学生がもっとも多く三四%を占めるが、じつはほとんどの学生はそれ以下には下げることができないと知っていてこの年齢を書いたのではない。アンケートの結果でも、過半数は一七歳以下に下げるのが望ましいと考えており、一五、一六歳の中学卒業頃の年齢を選んだ学生も二九%いる。

いずれにしてもほとんどの学生は、死刑が可能な年齢の下限について知らないまま、犯罪に関するニュース、とりわけ殺人事件に関するニュースや裁判所で下された判決のニュースに接している。

前記のような記事を読んだ場合、被害者の主張に共感して、少年法を改正して犯行時一八歳未満に死刑を科するように改正するのが望ましいという考えに導かれる可能性は大きい。

それではもう少し専門的な職業についている人はどうだろうか。筆者は二〇年以上にわたって法務省の矯正研修所の支所で非常勤講師をしている。現在、刑務官に「矯正社会学」と「国際準則」の科目を講義している。「国際準則」のカリキュラムは五年ほど前に加わったものだ。二〇〇九年度初等科研修の「国際準則」の授業で、少年への死刑可能年齢について触れた。この初等科の研修生は新規に刑務官として採用された者で、高校卒業や専門学校卒業もいるが、大多数は大学卒で、大学の法学部を卒業した研修生も少なからずいる。質問してみたところ、受講生約五〇人のなかで、筆者の講義を聴く以前に、一八歳未満の少年を死刑にできないことを知っていた者は一人だけであった。大学でこの分野の教育に携わっている者として自らの責任を痛感した。それとともに、現場で働く人に「国際準則」の講義が設けられていることの意義を改めて感じ、それを自分が担当していることをうれしく思った。

それでは、犯罪について取材するマスメディアはどうだろうか。五年ほど前に名古屋から兵庫県の大学へ移ったが、名古屋の大学に勤務していた折は、頻繁にマスコミからの取材を受けた。愛知県で犯罪が起きてただちに犯人が逮捕されないような場合にはとくに、いずれかのテレビ局や新聞社が私のところへ取材を申し込んだり、電話をかけたりしてきてコメントを求められることが多くあったが、あるとき新聞の社会部の記者やテレビの報道部の記者もまたこのことをほとんど知らないことに気がついた。

記者は、少年法について、犯罪をしたり、犯罪に該当する行為を行なったりした少年に関する国際条約による制約に関する知識を持っていないといっても過言ではない。このような表現を使うことを許していただきたいが、日本では少年犯罪に関する非常に根本的なことを知らないままに報道やニュースをはじめ、テレビ番組が制作され流されていた――あるいは、いる――のだ。

少年に死刑を課すことができる年齢を一八歳未満に引き下げることができない根拠は、子どもの権利条約（児童の権利条約）である。日本はこれを一九九四年に批准した。子どもの権利条約第三七条aでは、次のように定められている。

いかなる児童も、拷問又は他の残虐な、非人道的な若しくは品位を傷つける取扱い若しくは刑罰を受けないこと。死刑又は釈放の可能性がない終身刑は、一八歳未満の者が行なった犯罪について科さないこと。

いうまでもなく条約は法律よりも上位に位置づけられる。一時期は憲法よりも上位と考えられることもあったが、現在では、憲法の次であり、刑法、刑事訴訟法そして少年法などの実定法や手続法よりも上位で優先するとされている。しかし、子どもの権利条約を俟たずとも、国際連合において憲法や基本法に該当するといっても過言ではない「市民的及び政治的権利に関する国際規約（人権B規約）」においてすでに定められており、この国際規約をわが国は一九七九年には批准している。

この国際規約では、人は人種、皮膚の色、性、言語、宗教、政治的意見、社会的出自、財産、出生、地位などによって差別されないこと、奴隷と強制労働の禁止、拷問または残虐な、非人道的なもしくは品位を傷つける取り扱いや刑罰を受けないこと、法の前に平等であって独立した裁判所で裁判を受ける権利があることなどが定められている。第六条第五項で「死刑は、一八歳未満の者が行なった犯罪について科してはならず、また、妊娠中の女子に対して執行してはならない」と定められている。

この根本的事実を押さえないままに、あるいは基本的認識のないままに、上記のように少年の犯罪とその被害者について報道したり記事を書いたりすることは、非常に危険であるというか、あってはならないことだ。犯罪被害者の遺族のかたは、自己の権利を疎外する、少年に対して甘すぎる少年法に対する憤りを強く持つ。ニュース報道に接し、さらに犯罪被害者等の不満を知った視聴者や新聞読者は、ますます少年法が悪法であり、凶悪な犯罪を行なった少年に対してふさわしい罰を与えるのを妨げているという認識と敵意を募らせることになるであろう。しかし、こうした報道は例えていうならば、一九三一年に奉天（現瀋陽）の柳条湖で起きた鉄道爆破事件を調査し、それが関東軍による謀略であるとしたリットン調査団の報告書を拒否し、この事件を契機として軍を進めて成立した満州国を承認しなかった国際連盟に対する非難の声を国民の間にかき立てていった戦前のマスメディアをも連想させるものである。国際規約を無視し、相手に対する憎悪を掻き立てている。例示した新聞記事に見られるような報道姿勢は、真に犯罪被害者の立場に立っているとはいえない。これでは少年犯罪の被害者の遺族に間違った期待を抱かせてしまうことになる。また、国民に対して誤った情報を――たとえ意図的ではないにせよ――伝達してデッドロックへと導くようなことはすべきではない。結果的に犯罪被害者等と国民を惑わし、犯罪被害者等への真の支援策の推進を妨げるものであるといわざるをえない。

5. 殺人事件の被害者のマジョリティ

マスメディアではニュース・バリューとして「珍しい」ということが重視される。珍しいというならば、殺人事件自体が珍しいということができる。犯罪白書の認知件数で殺人事件として計上されているものは年間一二〇〇件ほどであるが、周知のようにこの数には未遂を含んでいる。残念ながら殺人によって死亡した人数は司法統計では公表されていない。犯罪白書によれば、殺人事件に傷害致死事件等を含めて、被害者がその結果死亡した刑法犯の事件を合計しても、日本国内で近時は一二〇〇件、一日三、四件くらいである。

さらに、殺人事件の加害者と被害者の関係を調べてみると、家族メンバー間あるいは親族メンバー間での事件が圧倒的に多い。この傾向は現在でもほとんど変わっていないため、そのことを確認することもあって、一九七七年の統計を表3に提示する。(5)

表3　殺人等の加害者との関係別にみた被害者数

被害者は加害者の何に当たるか		被害者数（人）	構成比（%）
親族	配偶者	159	11.0
	子	505	34.9
	父母	87	6.0
	孫	2	0.1
	祖父母	5	0.4
	兄弟姉妹	28	1.9
	その他の親族	42	2.9
	小計	828	57.2
非親族	同居人	31	2.1
	知人・友人	273	18.9
	顔見知り	155	10.7
	面識なし	161	11.1
	小計	620	42.8
計		1,448	100.0
不明		79	—
合計		1,527	—

〔出典〕『昭和54年版　警察白書』(6)。

この表から分かるとおり、見ず知らずの者によって殺害されるケースというのは一割前後である。そのように珍しいがゆえに、またいわれがない被害を受けたという不条理さゆえに、マスメディアで大きく取り上げられることになっているのであろう。しかし、そうしたニュースが大きく報道されることによって、今度は逆に、それが一般的である、あるいは頻繁に起こっているかのような印象を人びとに与える。人びとはそのように思い込み、思い込んだ印象に基づいて行動したり反応したりするようになるということに注意する必要がある。

マスメディア等の報道に携わるかたにお願いしたいのは、客観的事実を認識した上で報道をしていただきたいということである。もし殺人事件の加害者は見ず知らずの者が多いと思い込んだ上で報道が行なわれたり、あるいは視聴者や読者にそのように思い込まれてしまうような報道が行なわれると、人びとが誤った認識を持つことになる。その結果、犯罪に対する防止策や、被害者とその遺族への支援策もサポートの制度も結局的外れなものになってしまう。大多数の被害者やその遺族がまったく視野から抜け落ちて救済されなくなってしまうからである。

現在報道しようとしている個別の事件に加えて、全体的な統計、代表的なケースという二つのことについても視野に収め、そのケースが代表性を持ったものであるかどうかといったことについて冷静に判断した上で報道が行なわれることが望ましいと考えられる。

6. 犯罪報道の過熱と「模倣犯」の簇生

犯罪報道の比較のために英国に目を移すと、英国でもタブロイド版の新聞を媒体として、犯罪が社会的注目を集め、きびしい制裁を与えるべきだとする世論が隆盛になっている。

日本であればテレビのワイドショーというところであろうが、日本のＮＨＫのようなＢＢＣ以外の民放は三局のみで、影響力は大きくない。スポンサーが維持できるかどうか、その時間帯のスポット・コマーシャルを買ってくれる企業が得られるかどうか、そのコマーシャル枠がどのくらい高く売れるかに関心を注ぎ、視聴率を上げることに血眼になって競争している日本の放送局とは異なるようだ。英国ではテレビに代わって、タブロイド版の新聞が犯罪や刑事司法分野の世論形成や社会意識の醸成に大きな役割を果たしている。日本では、全国紙の発行部数が多く、宅配制度が完備しているためもあって、新聞においては記事のしっかりしている宅配の日刊紙の影響が大きい。日本でもタブロイド版の夕刊紙として「夕刊フジ」や「ニッカンゲンダイ」がある。駅のキオスクで売られているのを見ると、潜在的な購入者の目を引くために、一面のほとんどのスペースは大きな文字の見出で、それに魅かれていざ買って読もうとすると、その記事は非常に小さく内容もほとんどないことに驚かされることもしばしばだ。しかし、英国のタブロイド版の新聞はページ数も多く、文字も日本語の新聞のように拡大されておらず、記事の内容は詳しく情報量も多いように思われる。(余分なことだが、日本はキオスクで新聞スタンドに丸めて立てて売るため、縦半分のスペースが見出しで埋まっていると思われる)。英国では複数のタブロイド版の新聞が平積みで並べて売られている。したがって、第一面に大きな写真を掲載し、後のページを読みたいと思わせるように記事のリード的な内容が記載されている。

いずれにしてもテレビでなければ新聞でというように、日本と英国の二国では、異なるメディアが犯罪について大きく取り上げ、犯罪に対する人びとの関心を高め、その高まった関心へ応える役割を果たしている。筆者は機能主義者というわけではないが、日本と英国は犯罪報道について異なるメディアが機能的代替物（機能的等価物）になっていると思われるのは興味深い。

英国で人びとが少年犯罪が凶悪化しているという意識を持つ大きなきっかけになったのは、一九九三年に起きたジェイムズ・バルジャー事件である。一〇歳の二人の少年が、リバプール市のアーケード街で二歳の少年を連れ去って激しい暴力を加えて瀕死の重傷を負わせ、鉄道のレール上に置き去りにして轢殺させた事件である。

わが国では一九九七年に、神戸市で連続児童殺傷事件が起き社会的注目を集めた。この単独の事件が、その後に続けて起きた少年による重大な事件のきっかけを作り、さらに少年法改正という結果をもたらしたということができる。

報道が大々的でセンセーショナルになれば、被害者本人や被害者の家族や遺族を傷つける可能性が高くなる。被害者の意に反した取材活動も行なわれがちである。殺害の方法が残虐であったり異例であったりすると取材合戦は白熱し、その報道過程で犯罪被害者の尊厳を損なったり、遺族の気持ちをないがしろにして傷つけたりすることも多くなる。

さらに大々的な報道は、犯罪を行なった者を英雄視する一部の人びとを生み出す。その数は多くはないかもしれないが、社会的影響の大きな犯罪を行なった者を賞賛し、自らもその犯罪を意識したり、場合によってはより大きな社会的注目を集めるような犯罪をしようという者まで現われかねない。事件そのものよりも、マスメディアを通じて社会的に伝えられた出来事としての事件の与える影響が大きいといってもよい。

神戸の連続児童殺傷事件の少年は警察に対する挑戦状を新聞社に送り付けており、マスメディアに大きく取り上げられることを望んでいた。新聞社に挑戦状を送ってきた時点で、有名になりたい、社会に対する自分の影響力の大きさ、マスメディアや人びとが驚き、右往左往する様子を見て自分の偉大さを確認したいという欲求が見て取れる。マスメディアは犯人の意図を見抜き、犯人の思う壺にならないように、報道を控えめにするといったくらいの配慮が必要に思われるところだが、実際には大々的に取り上げた。

この事件の後、この事件に影響された重大な少年事件が相次いだ。二〇〇〇年五月には、「人を殺してみたかった」という動機を語った高校三年生による豊川市で起きた通学路の民家に押し入って主婦を殺害した事件。この事件に先を越されてしまったと、佐賀市の高校一年生の少年が、福岡天神行きのバスを乗っ取り、東京へ行くように命じて、乗客一人を殺害し、一人に重傷を負わせ、広島県のサービスエリアで逮捕された事件。このバスジャック少年は、神戸の連続児童殺傷事件の少年に対抗意識を燃やしていた。一九九九年八月に愛知県西尾市で起きた高校の元同級生による女子生徒に対する一種のストーカー殺人事件の犯人の一七歳の少年は、連続児童殺傷事件の少年の偉大さを讃える文を日記ノートの紙面に書きつめていた。自宅をお訪ねしたときに、そのノートを前に困惑し慨嘆しておられた遺族であるご両親の姿が今でも眼に浮かぶ。

二〇〇五年二月に大阪府寝屋川市で、一七歳の少年が、母校の中学を訪ねて行き、一人の先生を包丁で殺害し、別の先生と職員に重傷を負わせた事件。二〇〇五年四月に、一七歳の少年が大阪府東大阪市の公園で、母と来ていた五歳の男児をハンマーで殴って重傷を負わせた事件など。これらも事件は大きく報道されたものの、これらの事件に神戸の連続児童殺傷事件の影響が見られたことについてあまり知られていないようだ。しかし、実際には、これらの犯罪を起こした少年たちの日記やメモには神戸の連続児童殺傷事件の少年への尊敬とあこがれが書かれており、描いた絵もその影響を受けたものだった。

神戸の連続児童殺傷事件は一九九七年に起きた事件だが、現在に至るもその余波、影響力は続いている。テレビや新聞などのマスメディアが警察記者クラブを通じて得た犯罪情報を報道し、そのことによって犯罪は一つの社会的な事件となる。その際の取り上げられ方の大きさ、情報量などによって、その事件の社会的注目度、社会的重要度が決まる。既存のマスメディアは、その事件に社会的地位を付与するのである。既存のメディアによって、社会的地位を与えられた事件はインターネットに流れ、その事件に強い関心を持つ同好者のサークルが匿名性のなかで形成され、互いに刺激しあいながら情報の提供と交換が行なわれる。その過程で、嗜好も、犯行の計画や手段も、自己の行為を合理化する理由づけも伝達され学習される。その知識はインターネットのなかで蓄積され、継続的に伝播される。

大々的に報道することによって、かえって一部の視聴者や読者に犯罪を行なった者を英雄視させることになり、その傾向はインターネットのなかで増幅され、その結果、結局は被害と被害者を生む可能性を高めるということに注意される必要がある。

7. 前提の無視

犯罪被害者の団体が、ヨーロッパにおける犯罪被害者の刑事手続きへの参加に関する調査を行ない、それを報告書にまとめている。私は、それを貴重な成果であると考えており、その努力と成果について心から敬意を表したい。ただ、その上で、その一部についてはやはり読者が誤解する可能性があるのではないかということだけは指摘しておきたいと思う。

まず報告書の該当部分を引用しよう。

①訴訟参加人が報復的・感情的に発言することによる刑事裁判の混乱および厳罰化

確かに一九八六年の改正により訴訟参加人の権限は拡大した。しかし、だからといって法廷が報復的になり混乱したり、刑が厳罰化するようなことはドイツでは起きておらず、かえって被告人の弁護士が戦術として混乱させることはあっても、訴訟参加人が混乱させることは被害者にとってかえってマイナスとなるのでドイツでは起きていないとのことであった。そして、この点について異論を唱える法律家はおらず、共通の事実認識であった。

…（中略）…

②被害者と加害者の直接対峙による加害者の更生の妨げ

かかる質問をぶつけると、すべての人がきわめて怪訝そうな顔をし、少し沈黙があった後、『それは逆である。被害者と向き合うことによって、被告人は如何に重大なことを犯したかを理解できるようになり、かえって更生に役立っている』（白い環の弁護士）とか『被害者と対峙させることによってもし更生の妨げになるのであれば、それは被告人の弁護士の資質や能力の問題である』（ベルリン検察庁）として質問自体まったく相手にされない雰囲気で、一蹴された。

また、連邦司法省においても『被害者が法廷に現れ、被告人と対峙することによって被告人に反省させ、被告人に謝罪する傾向が十分に見えてくるようになるというのが今までの経験である』と明確に述べられていた。

このように被告人の更生を害するとの日本の少数の法曹家の懸念についてはドイツではまったくありえないとのことで、質問自体ばかばかしいとの印象を与えてしまった(7)。

犯罪被害者等が刑事裁判に参加することによって「法廷が報復的になり混乱したり、刑が厳罰化するようなことはドイツでは起きておらず」、「被告人の更生の妨げ」になるのではないかという「懸念」に対しては、「怪訝そうな顔」をされ、「質問自体まったく相手にされない」、「質問自体ばかばかしいとの印象を与えてしまった」という表現が用いられて「一蹴され」ている。確かにこの文章だけを読めば、説得的のように思われる。

しかし、残念ながらここでは重要なことが欠落してしまっていると思われる。すなわち、ドイツと日本では最高刑が異なり、ドイツでは一九四九年に死刑が廃止されているのに対して、日本には死刑制度があり、実際に死刑判決が下されて執行されているということである。報告書ではこのことへの言及が一切ない。この文章で用いられている「更生」という言葉は、通常「社会復帰」である「リハビリテーション」を意味する。ここでは「更生に役立っている」と述べられているが、いわば「更生」が期待されていない死刑についてはまったく言及されていない。

このヨーロッパ調査旅行にはＮＨＫのテレビ取材班が同行し、のちにドキュメンタリー番組となって報道されたようである。筆者はこのドキュメンタリー番組を見る機会に恵まれず、ドイツの法廷で、犯罪被害者が検察官の横に座って被告人に質問し、求刑も行なっている様子が描かれている場面を視聴することはできなかった。しかし、幸いその番組を作ったディレクターが、その折の海外ロケについて書いている本が出版されており、それを読むことができた(8)。言語の場合は、映像よりも非常に明確なステートメントで重要なことを明言し確認することができる。しかし、その文字メディアにおいても日本の刑事罰とドイツ――ヨーロッパ全体といってもよい――の刑事罰との根本的な違いについての言及はなかった。すなわち死刑の求刑がない、したがって死刑の判決もないという根本的な相違点が無視されているということである。どうしてこのようなことを指摘し、こだわっているかといえば、私自身の英国での経験に基づいている。

二〇〇八年から二〇〇九年にかけて英国ケンブリッジ大学で在外研究する機会を得た。その期間中にケンブリッジ大学教授の好意で英国の複数の刑務所の参観をアレンジしてもらった。ある刑務所の内部を参観させてもらった後、その施設の幹部たちとのパーティー形式の昼食の席が設けられていた。受刑者の処遇についてひとしきり熱心な議論が行なわれた後、その刑務所の幹部の一人がふと「日本では死刑があるのでは」と言ったとたん、その場の雰囲気が凍りついた。それまで彼らは英国と日本の刑罰システムについての重大な前提的な違いについて認識することなく話し合っていたのである。私は、日本では確かに死刑制度はあるが、それは非常に凶悪な殺人を行なった場合で、被害者が二人以上殺されたときであり、判決数も非常に少なく、執行数はさらに限定されていることを説明した。しかし、もうそれまでのような打ち解けた熱のこもった議論と友好的な雰囲気は霧散消失し、空ろな言葉や形式的な質問がスタッフから寄せられるだけとなった(9)。

マスメディアばかりではなく、私たちは一般的にあまりにも当然の前提とされている自明なことについてはあえて問いとして立てない。したがって、文化や社会が異なれば実際には大きく異なっていることについて、無意識のうちに無視し、相手も自分が思っているとおりだと思い込んでしまう。しかし、よく注意してみれば、大前提として非常に重要な根本的に異なることがあり、あらためてそれについて確認した上でない限り十分な議論をするための礎が成立しないということがある。

あまりにも当たり前と思われていて、見えているけれどもじつは私たちが見ていないこと、聞こえているけれどもじつは私たちが聞いていないこと、そうしたことに対する気づきこそ、相手と自らを客観的に捉えるためになによりも必要であり、また異なる社会や制度の比較検討を行なうために不可欠なことだと思われる。

注

（1）岡村勲「社団法人日本民間放送連盟の申入書ならびに小林邦三郎氏の請願書に対して」二〇〇五年一一月二一日。なお、「イナゴ取材」と呼ばれているものに対する、警察の匿名発表によるのではない対応策の一端については第六章を参照されたい。

（2）こうした取材ばかりではなく、長期的展望に立った継続的な取材活動に基づく報道もあることはいうまでもない。

（3）『毎日新聞』二〇〇六年一二月一八日、東京夕刊。なお、この記事本文の人名を仮名にするとともに、記事の最後に記載されている記者の氏名の記載を差し控えた。

（4）二〇一〇年の講義でも同種のアンケートを行なったが、約四〇〇人の回答学生のうち死刑を一八歳未満に引き下げることができないことを知っていた学生は皆無であった。

（5）新しい統計数値を知りたい人は『犯罪白書』（法務省法務総合研究所編著）を見てほしい。『犯罪白書』は政府刊行物サービスセンターで購入したり、一般の書店で注文したり、法務省のホームページから入ることによってインターネット上で見ることができる。棒グラフでほぼ同じ結果が示されている。

（6）ただし、これには殺人等の故意の犯罪によって死亡した被害者について分析したものであり、傷害致死など約三〇〇件が含まれている。

（7）全国犯罪被害者の会・ヨーロッパ調査団編集『ヨーロッパ調査報告書　被害者の刑事手続きへの参加をめざして』二〇〇二年、二六―二七頁。

（8）東大作『犯罪被害者の声が聞こえますか』講談社、二〇〇六年。

(9) その刑務所を立ち去る前に、刑務所長はその刑務所で最後に行なわれた死刑執行の記録を見せてくれたが、その話は別の機会に譲りたい。

第3章 ある少年殺人事件の犯罪被害者等

1.「大高緑地アベック殺人事件」

筆者が約二〇年間にわたって交流を持っている「犯罪被害者等」について、以下で紹介していくこととしたい。その人をSさんと記す。なお、Sさんからは本書に書くことについて了承をもらっている。

Sさんの娘は二〇歳のときに強盗殺人の被害にあった。事件は一九八九年初頭に名古屋で起きた。男女の二人連れが夜間に車で広い大高緑地公園の駐車場にいたところ、二〇歳になりたての男性一人と男子少年三人、女子少年二人の六人のグループに襲撃された。金品を奪われ、激しい身体的暴力を振るわれ、車を破壊された後、彼らの車によって拉致された。カップルのうち男性が翌日夜名古屋の郊外の墓地で、女性が翌々日夜、三重県の山中で絞殺され、そこに二人の遺体が埋められた(1)。

少年たち五人は家庭裁判所で検察官送致の決定を受け、地方裁判所へ起訴され、成人と合わせて六人全員で裁判が始まった。第一審の地方裁判所は、犯行時一九歳の主犯格に死刑、同じく一七歳の、被害者の首に綱をかけて主犯格とともに引っ張って殺害した少年に――成人であれば死刑に処するべきところを一八歳未満であるため――無期懲役の判決を下した。犯行時一八歳で判決時には二〇歳を越えていた男子少年には懲役一三年、成人の男性には懲役一七年の判決であった。女子少年にはともに五年以上一〇年以下の不定期刑の懲役が言い渡された。この地裁判決に対して主犯格の元少年、成人男性の二被告人が控訴した。高等裁判所では刑が減軽され、主犯格の元少年は無期懲役、成人男性は一三年の懲役刑となった。高等裁判所の判決に対して、弁護側、検察側ともに上告せず、刑が確定した。

2. 加害受刑者との交流

現在、無期懲役の二人を除いて、他の四人はすでに刑務所を出所している。Sさんは、現在四〇歳近くなった主犯格の無期懲役の受刑者（B）と文通し、Bからの手紙に「あなたもがんばりなさい」という文面の返事を送っている。

いうまでもないことだが、筆者はこのことについて働きかけをしたことはない。ときおりSさんを訪ねて、近況などについて日常的な会話を交わし、ひょっとして何か私が役に立つようなことを希望しておられれば、それをするといった程度である。

Sさんは健康を損ねて大きな手術をいく度か経験している。被害女性の母親、つまりSさんの妻はすでに亡くなっている。

無期懲役となった加害少年（当時）たちは、お盆と被害者の命日の近くなど年に一、二回ほど、手紙とともに、受刑者となった彼らが刑務作業で作業賞与金として得た金の一部をいわゆる線香代として送ってきており、Sさんはその手紙に対する返事を送るという関係が成立している。すなわち、殺人——正確には、強盗と強姦も行なわれている——という重大事件の加害者と被害者の遺族との間に手紙のやりとりが継続している。さらに、その手紙のなかでこの父親は、加害少年に対して、先に述べたように「あなたも健康に気をつけて、がんばりなさい」といったような励ましの言葉をかけている。二人の加害者のうち、主犯格だった受刑者とは継続的に、もう一人とはおそらく断続的に文通がなされており、過去にも、定期刑を課された少年（当時）の一人からの手紙が出所前に来て返事を出したことがある。しかし出所したと思われる後、手紙は来ていない。あえていうならば、現在すでに出所している少年（当時）からは単に更生保護委員会による仮出所審査に対して条件を整備するための手段として利用されたのではないかといった印象がぬぐいえない。

高等裁判所で加害少年の裁判を担当した弁護士に対して、無期懲役に服している少年の一人が、遺族の父親から手紙の返事が来たことに感激し、その内容について弁護士に知らせたことから、それについて弁護士が同人誌のコラムで紹介したと思われる。その後、この弁護士が所属する法律事務所の職員と新聞記者（正確には通信社の記者）が手紙で打診したのち面会しようと被害者遺族への複数回の来訪を行なったが、面会にまでは至らなかった。

父親は、事件以降さまざまなことを経験しているが、とくに妻の死亡、子どもとの同居から現在の一人暮らしへというように家族同居関係が変遷し、また、心臓のおそらく容易ではない手術や脚の手術というように困難な身体的状況をサヴァイヴしてきたといってよいだろう。受刑者との手紙のやりとりについては、二〇〇七年頃の話では、以前、主犯格ではない無期懲役の受刑者から、もう一人の被害者の遺族の住所を知りたいという手紙が来たので、もう一人の遺族に尋ねたが、その遺族は手紙の受け取りを希望しないとのことだったので知らせなかったとも語っている。現在、亡くなった妻の友人がときおり訪ねてくるが、この女性も自分の息子を職場で――彼女の表現を用いれば――殺されており、文通することを快くは思っていないようだ。

筆者がSさんについて本書で紹介する気持ちになった理由は、Sさんがとくに崇高な心でもって寛容の精神を発揮しようとしているとか、ストイックに自らの衝動を抑圧して、苦しみを乗り越えて他者に対する赦しの境地に達したとか、犯罪被害者の遺族としてたいへんな使命感を持っていて、自分の家族の命を奪った者に対して何か理想的で模範的な人生のありかたを示して一生を終えたいとか、そういう特別な使命感に燃えた人ではなく、むしろさまざまに気持ちが揺れ動くごく普通の人だからである。

いうまでもなく、実際に、娘の命を奪った行為やそれをした人を赦しているわけではけっしてない。ただ――正確な言葉は記憶していないが――Sさんは、人の心は二つの面を持っており、鬼ではないもう一つの心のときに、そのときの自分の感情に素直に主犯格の受刑者に手紙を書いていると語っていた。そうしたときには、人生のもっともよい時期の二〇年間を刑務所で過ごすことについてかわいそうに思うこともあるとのことであった。おそらく復讐の気持ちを持つこともあれば、冷静に相手の現在置かれている状況に自分の身を置いて考察することもできるということであろう。身近な人から返事を出すことを止めるように勧められながらも、自分のそのときの気持ちに正直なままに、この被害者の遺族は受刑者へ返事を書き続けてきた。(2)

Sさんは送られてくる手紙について、加害者が現在刑務所で身体を拘束されており、それから一日でも早く解放されたいと希求しているがゆえに反省の言葉がつづられている面があるというようにも認識している。刑務所にいるという状況がそうさせているのであり、そうした状況がなくなってしまえばおそらく手紙も送金もしてくることはないだろうとSさんは推測している。人間の行動を、その人を取り巻く環境との関係から冷静に考察されているようだ。

手紙のなかの文章には、謝罪の言葉とともに、「許してはもらえないだろうが」といった婉曲的に許しを請う表現が含まれているようだが、こうした言葉をともなう文章を読んだ上で、Sさんは返事を書いている。手紙の返事を継続的に書いているということは、被害者の父親としてその言葉を受けとめた上で「ひとりの人間として」自らの決断の上に返事を書くという行為を選択しているということである。添えられている線香代は、作業報奨金のなかから工面されたものであり、作業報償金が少額である以上、線香代もわずかばかりの額であるが、Sさんは送ってこようというその意思と努力自体を評価したいという考えを持っているようだ。

この被害者遺族の場合の、加害者からの手紙に対する返事を書くに至った経緯やその心理的メカニズムの変遷などについて、いったいどのような経緯によって現在のような行為の選択に至ったのか、本人にとっても説明が容易ではない部分もあるものと考えられる。受刑者の元少年から送られてきた手紙を虚心坦懐に読んだ結果、その手紙のなかに、たとえば肉親の死に触れるようなことが書かれていて、そのことが自分の琴線に触れることもある。受刑者の手紙のなかに書かれた人生の出来事の一つのエピソードが、自分の人生の出来事と重ねて理解されるということがあったりもした。

人は、犯罪で家族を失うという経験をはじめとして、自らの生活に不幸な出来事が起きると、他者の不幸にも気づき、それを感受する能力が身についたり、優っていったりするようになるのではないだろうか。ただし、他者に寛容になる場合もあれば、自分が不幸になるきっかけを作った、あるいは不幸の積み重ねに拍車をかける重大な役割を果たしたということで、加害者への憤怒の感情とともに、他者に対しても加罰的になる場合もあるように考えられる。筆者の乏しい経験によれば、少年犯罪の被害者の家族の場合、必ずしも恵まれてはおらずつらい経験もある人生を送ってきて、その間に子育ての苦労も経験されてきたような中高年の人の場合だと前者になる可能性が高いように思われる。他方、被害者の遺族が若年成人で加害少年の年齢に近く、少年期につらい経験をしながらも自らを律しそれを克服し、充実した人生を歩んできた人の場合には、後者になるように思われる。たとえ犯罪を行なった少年が社会的に恵まれない環境に生まれ育ったり、ハンディキャップを負っていたりしたとしても、自分の経験から考えて、それらの困難は乗り越えられないようなものではなく、犯行の原因をそのような環境に転嫁するのは許せないと考えるためだ。

自分でも大病の経験のあるSさんは九州の出身で、事件後、父親の介護のために一時的に九州へ帰ったことがあった。妻は献身的に舅の介護をしてくれたのだが、その過程で白血病を発症した。九州で治療を受け、父の死後、名古屋近郊に戻り、九州の主治医に紹介された医師にかかっていたが、亡くなった。仏間には娘の遺影とともにSさんの妻の遺影も並んで飾られている。じつは殺された娘は、両親との関係がもっとも良かった末っ子で、二人の老後の世話は彼女がすると宣言していた。他の子どもたちが巣立ち、非常に可愛がっていた同居の娘を亡くして生きがいを無くした母親は、口癖のように自分も早く連れて行ってほしいと言っていたとのことであったが、その言葉のとおり六〇歳を迎える前に他界してしまった(3)。

Sさんのパーソナリティを示すものとして、ときおり自分をカリカチュア化する話し方をする。少年期の自分と教師との間にあった――相当ないたずらをして叱られた――ことや、一時期自衛隊にいたときの上官と自分との間に起きた反骨精神を感じさせるエピソードなどを語るときにも、そうした観点が盛り込まれている。また、とくに自分の将来について何かを話すときにそうした話し方をすることも多い。そのときの笑いは、苦笑というよりも、大きな笑いである。さまざまな経験をし、人生の虚無をも知って、その上で日々の生活を大きな気持ちで送っていることをうかがわせるような笑いである。心臓や脚の大手術をしたことによるのであろうか。脚は何度か手術しており、何も支えるものがなければ杖で立ち、手すりなどを持たないと歩けない状態になっている。心臓の手術は死を覚悟しなければならないものだった。そうした生死をさまよう経験をした者は、一回り大きな気持ちを持つことができるようになるのかもしれない。

また、自らの家族の不幸を知った者は優しくなれるということが逆説的にあるのかもしれない。時として人は、いわゆる家族は他人の始まりというようなことを経験したならば、必ずしも家族メンバーに過大な期待をいだいたり、理想化したりすることはなくなる。犯罪によって家族メンバーを失ったことを人生の最大の不幸としつつも、人生のすべてを失ったものとしてただ嘆くだけのものではなくなる可能性もあると思われる。しかし、家族が非業の死を遂げてしまったような場合、逆に、事後的に家族が絶対的な価値を持ったものとして理想化されたり、絶対視されたりする傾向も見受けられないわけではない。事後的な絶対視や理想化が起きるのを避けうるならば、たとえ子どもたちのなかでもとくにかわいがり、両親に対して二人の老後の面倒は自分が見ると宣言していた娘を事件で亡くし、その死が人生において最大の悲しみであり苦しみであっても、人生をすべて台無しとしてしまう致命的なものとしないですむのかもしれない。第四章で述べるアメリカ合衆国の事例からも示唆されるように、何らかの意味でその後の人生が新たな価値を帯び、さらには意味あるものへと転換していく契機が得られたり、あるいは行なわれた他者からの侵害に対して寛容な態度で受けとめることも可能になるのではないかと予測される。

この被害者の遺族の生きかたは、もっとも大切に思っていた家族のメンバーが失われてしまった場合であっても、加害者に対して強い復讐の意識のみを持つのではないことが可能であるとすれば、それはどのようにして可能なのかについて考察する手がかりを与えてくれる。また、少年犯罪の遺族への対応と支援を考える上でも、犯罪を行なった者と犯罪の被害を受けた者との間の関係の調整を行なう修復的司法（Restorative Justice）への示唆を得る上でも、Sさんの場合は今後ともフォローアップされるに値する重要なケースということができる。

3．損害賠償

このケースでもう一つ特徴的なのは、二〇年以上前であるにもかかわらず犯罪被害者に弁護士がつき、被害者二人の遺族の両親と、犯罪を行なった六人のうちの四人について損害賠償の示談が成立していることである。主犯格のB少年（当時）と、二人の女子少年（当時）のうちの一人――以下、必要に応じてこの少女をE子と呼ぶ――については、彼らの親との示談が成立した。一人の成人を含む六人のうちで、この二人は――ありきたりの言いかたで恐縮だが――両親が揃っていて経済的基盤もしっかりしていた。一人の成人（A）――といっても二〇歳と一ヵ月で、他の少年たちと年齢的にほとんど変わらず、むしろ後輩的な位置づけであり、リーダーシップをとるような立場にはなかった――と、もう一人の女子少年（F子）の生育歴は非常に不幸なもので、家庭的にも安定していなかった。

F子について筆者が印象的に覚えているのは、この少女の母親は出奔し、父親と父子家庭を形成し、母親代わりに弟の世話を行なうようなこともしていたが、この少女が中学生のときに、父親は新しい妻を迎え、四人で同居することになった。その妻は妊娠中で、一七歳であった。おそらくまだ青春を謳歌していたい年齢で妊娠して出産を控えながら、自分と数歳しか違わない子どもに対して母親の役割を果たすことなどとうてい不可能であったろう。彼女はF子が自分に敵意を持っているというように訴え、父親は、それまで弟の世話をしたり家事を分担していたF子を弟とともに養護施設へ預け、F子はそこで中学を卒業した。他方、父親とこの若い妻との関係は長くは続かなかった。F子は中学卒業後、美容室に勤めるが、親しくなった友人がその美容室を辞めたため自分も辞め、やがてスナックで勤務し始めた。そこでこの事件の成人男性と出会い、次に主犯格の男性と出会い、事件当時はこの主犯格の男性と同棲していた。

無期懲役を受けた殺害の実行犯の一人である一七歳の少年（D）の両親は、父親はアルコール依存で暴力助長的であり、母親も養育を放棄していたため、Dの学力は非常に低く、給食費も払えないほどに経済的にも困窮していた。もう一人の少年（C）は、母子家庭で経済的に恵まれなかった。

これに対して、主犯格の少年（B）の父親は地方自治体の公務員であり、母は元保母であったといわれている。E子は共働きの親を持ち、高校卒業の後、調理師の免許を取得する教育機会も与えられていた。Bの父は病気をわずらったりしながらも定年退職に至った。Bの両親にはB以外にも子どもがおり、その教育費を払う必要から一時的に支払いが滞ったりするようなこともあったようだが、示談の慰謝料を退職金等も用いて完済している。共働きであったE子の両親にとっても月々の支払いは容易ではなかったであろうが、完済に至っている。

おそらく滞ったときには、弁護士事務所は督促をはじめとする働きかけを行なったり、交渉して月々の支払額の再調整を行なったりしたものと推測される。また、受取人はそれぞれの被害者の両親となっているが、被害女性の母親、被害男性の父親は途中で死亡しており、その際に弁護士は受取人の変更の手続きをするなどの必要が生じている。両親の年齢を考えると、こうした仕事は当初予定していなかった作業であったということができる。しかし、おそらくこうした煩雑な交渉や手続きについて、詳細には被害者の遺族に説明されることはなく、本来請求可能な手数料についても、弁護士が自己負担するようなことになっていたのではないかと推測される。

そもそもこの示談の成立にあたっては、弁護士はかなり苦労したのではないかと思われる。すなわち損害賠償を申し立てている被害者の親の観点からすれば、二〇歳未満の少年が二人の人命を奪うということのような重大事件を起こした場合、当然、親には監督責任があり、損害賠償を支払う義務があるものと思い込んでいたと考えられる。おそらく一般の人びともそのように思う人が多いのではないだろうか。しかし通常、一九歳になりすでに独立して生計を営んでいる主犯格の少年Bのような場合には、裁判をしたとしても裁判所は親に対する損害賠償の請求を認めない。かといって、とりわけ第一審の地方裁判所で裁判が行なわれている当時、被告人であるBに対して死刑を望んでいた女性被害者の親にとって、Bに請求して払わせようというのは自己矛盾に陥ってしまう。ただし他方で、Bの両親は、Bに対する死刑判決が下りるのではないかという懸念から、Sさんたちとの間に損害賠償の示談が成立し、それを被害者の宥恕の念として裁判所へ提出することを望んでいたと考えられる。そこで、被害者側の弁護士は、この損害賠償の請求を、民事裁判にならないようにと注意しつつ苦労してまとめたという経緯があると考えられる(4)。

弁護士は、依頼者のために種々の便宜を図りつつもそのことについて逐一説明して金額を請求するようなことはせず、この件についてはほとんど奉仕の精神で臨み、さまざまなことに対応してきていると考えられる。先に述べたように、弁護士報酬についても、規則上は示談が成立した時点でもらってもいいはずのところ、振り込まれた際に一定割合を報酬の一部としてもらうということにした。他方、そのような配慮について十分に知らされることのなかった被害者の親は、加害少年の親による賠償の支払いの完遂を当然のこととみなしているように思われる。さらに成人と犯行時少年の二人について、示談を成立させながらも結局支払いもなく放置されてしまっており、何も対応をとってくれていないという不満を持っていないわけではない。本来感謝されていいはずだと考える弁護士、他方、もう少し説明や努力があってもいいのではないかと考える被害者の遺族との溝は容易に埋まるものではないと考えられる。

有期刑の判決を受け、すでに出所した当時の少年Cとの間に成立した示談は一〇〇〇万円の損害賠償である。釈放後五年間で月々二五、〇〇〇円ずつ六〇回、六年目から五年間は三七、五〇〇円ずつ六〇回、一一年目から五年間は五万円ずつ六〇回、一六年目から四年四ヶ月は六二、五〇〇円ずつ五二回支払うこととなっており、三回遅滞した場合は、年五分の利息をつけて残額と遅滞損害金を支払うこととなっている。しかし、先に述べたようにこの者からは出所前に一度だけ線香代を送ってきたことがあったが、釈放後の支払いはまったくないとのことであった。F子についても同様の条件で示談が成立した。こちらに関しては、出所後に数回入金がなされたようであったが、その後途絶えてしまっているとのことであった。E子の両親との間には示談が成立し完済されていることを述べたが、E子自身と四人の親との間にも各三〇〇万円ずつという示談が成立していたが、こちらのほうは途中で滞った。一人の成人とはSさん夫婦との間に合計二〇〇〇万円の示談が成立していたが、まだ一円も払われていない。(5)

なお、犯罪被害者給付金制度は一九八一年から施行されている。ただしこのケースについては、一九九一年一二月付けで愛知県警察本部から、遺族給付金は二五〇万円になるが、加害者からの損害賠償金がその時点でそれを上回っていたので遺族給付金は支払われないという決定の文書が来ている。この当時遺族給付金は非常に低額であった。その後いく度かの改訂を経て、一九九九年九月に山口県下関市のＪＲ下関駅コンコースにトラックで乗り込んで数名を撥ねて死なせ、さらに包丁で襲って数名を死傷させるという事件が起こったのをきっかけとして大きく改められた。この事件の犯罪被害者等に対して、交通事故にあって死亡した者には自賠責保険（に任意保険が加わった）保障が下り、刃物で刺されて死亡した者には犯罪被害者給付金が支給された。ところが二つの額の間に非常に大きな開きがあることが問題になり、犯罪被害者給付金の額が大きく引き上げられ、交通事故の場合とほぼ同額が支給されることとなった。

4. 反省にいたる歳月

お金（損害賠償）の話について詳しく述べすぎているきらいがあると思われた読者もいるだろう。ただ、詳述した理由は、第一章で、犯罪被害者等の権利を保障したり支援を推進したりする制度が拡充されたと述べたが、はたしてそれで十分か、問題点はないかということについて第六章で検証するためである。二〇〇〇年の刑事訴訟法改正と同時に成立した「犯罪被害者等の保護を図るための刑事手続に付随する措置に関する法律」で、民事上の和解を記載した公判調書への執行力の付与が認められた。二〇〇七年には「犯罪被害者等の権利利益の保護を図るための刑事訴訟法の一部を改正する法律」によって損害賠償命令制度が創設された。しかし、はたしてそれで十分であるかを検討して改善策を提言するためであるので、ご海容いただければ幸いである。

わが国で被害者学研究の偉大な先達である宮澤浩一先生の衣鉢を継いでこの分野に重要な貢献を続けている諸澤英道常磐大学元学長は、一九八五年に国連総会で採択された「犯罪被害者に関する司法の基本原則宣言」の特徴として、次の五点をあげている。

1. 被害者が犯罪に苦しめられていることを認識する
2. 司法へのアクセスと公正な取り扱いを保証する
3. 犯罪者からの被害弁償を実現する
4. 被害者への援助と支援を充実する
5. 権限の乱用を防止する

その上で、「『被害者の権利』思想の根底にあるものは、『報復』ではなく、『被害を回復する』ことであり、そのために加害者（犯罪者）に『被害回復』の努力をさせることにある」とされる。(6)

生命が失われたという回復しえない被害であるからこそ、『復讐』や『報復』ではなく「被害回復」の努力をさせるために「損害賠償」は見逃しえない重要な事項になると思われる。
おそらく自己の行なった犯罪行為に対する真の反省と償いは時間――月日あるいは年月とさえいうことがふさわしいかもしれない――を必要とするものではないだろうか。事件から一五年後に訪ねてきたジャーナリストに対して、Bの母は次のように語ったという。

「本当に申し訳ないです……。事件後に（Bと）鑑別所で会った時、あの子、笑っていましてね。気が狂ったのかと思いました。集団心理って、本当に怖ろしいと思います。少なくとも、ああいう残酷なことをするような子じゃなかったですから(7)」

少年の重大事件であれば、警察から検察庁へ、そして検察庁から家庭裁判所へ送致され、家庭裁判所が観護措置をとって少年鑑別所へ収容するまでに二三日間くらい経過している。家庭裁判所は、少年鑑別所における性格テストや知能検査などの資質鑑別や行動観察の結果と、家裁調査官による社会調査の結果に基づいて処分を決定する。二〇〇〇年に少年法が改正され、現在、家庭裁判所は少年の身柄を少年鑑別所へ留めおいて四週間あるいは八週間以内に処分決定に至る。この事件の当時は四週間以内であった。

二〇〇八年に少年法が改正されて、重大事件の犯罪被害者等に少年審判の傍聴が認められるようになった。しかし筆者は、少年審判で犯罪被害者等が目にし、耳にするものは、期待していたものとは異なるのではないかという危惧の念を払拭できない。地方裁判所の刑事法廷とは異なり、非常に狭い家庭裁判所の少年審判廷での少年の態度、行為、発言は、犯罪被害者等が満足できるレベルにまでは未だ達しておらず、かえってフラストレーションを高めさせる可能性が十分にある。犯罪被害者等が傍聴するということが、少年に対して反省を高める促進作用となり、周囲の専門家や家族の働きかけが効果をもたらすことを願いたいが、下手をすれば表面的な取り繕いや言葉の上だけの装いとなる危険性さえもないとはいえない。

母親が正直に語る少年鑑別所でのこの主犯格の少年の態度には驚く人も多いだろう。筆者は、このアベック殺人事件の地方裁判所での裁判を可能な限り傍聴したが、その時点においてさえも被告人の少年たちの言動は必ずしも反省を深めているようには見受けられなかった。裁判の時点で、この事件の犯罪被害者等である父親たちは、死刑判決を望むことを明言していた。その後、この被告人の元少年が謝罪の手紙を書き、それにSさんが返事を出すようになるまでには十余年を必要としていたのである。

5. 弁護士の課題

二年ほど前に被害者の家族の了解を得て、犯罪被害者の側に立って事件を担当された弁護士に面会して話を聞いた。じつは、刑事裁判に関係して成立した示談で、加害少年の両親からの損害賠償が全額支払われたというのは珍しいケースである。それが遂行されたのは、弁護士の努力の賜物であり、また少年の家族が持っていた義務感の強さにも多くを負っていたということもできる。

筆者が損害賠償についてかなり詳しく記述できているのは、二〇〇三年に雑誌記者が取材したことによる。彼は、Sさんばかりではなく弁護士にも取材を申し込み、取材に応じた弁護士が丁寧に調べて回答した。つまり、弁護士はマスメディアに対して、債務者からの振り込み金について着服などないことをきちんと示して、疑惑などを持たれることが一切ないようにと詳しく調べなおして提示したのである。

弁護士は当事者に知らせることなく、雑誌記者にのみ情報提供を行なったようだが、そのときに弁護士が考えたことは理解できないわけではない。先に述べたように、損害賠償は長期間にわたっており、中断や督促、条件の再調整など紆余曲折を経ているため、そのことを説明して弁護士がそれらを着服するようなことは一切行なっていないということをマスメディアに理解してもらおうとしたものである。すなわちアカウンタビリティへの義務感と使命感に基づいていたということができる。ただ、そうであればこそ、この問題の当事者である被害者遺族に対して通知してもよかったのではないかと思われる。やはり、本人は知らないのにマスメディアは知っているというのは不自然である。

ただし弁護士がSさんたちへコンタクトを取ることを躊躇した気持ちも理解できなくはない。公表の了承以外の話題になったり、現状について説明をすることになったり、別の質問を受けたり、要望を聞くことになるなど弁護士にとってさまざまに煩雑な手間のかかる問題に巻き込まれる可能性がある。つまり、損害賠償の未支払い者についてどうするかという問題である。もし、示談をした加害者たちが行方不明になっているのであれば、所在を確認する必要がある。次に、彼らの生活状況を把握する必要がある。さらに民事裁判を起こす必要がある。たとえ裁判に勝訴したとしても、彼らに支払い能力がなければ、債権を回収することなどできない。時間と手間をかけて、ときには興信所を雇って調べた上で準備をして訴訟を起こしたとしても、結果的に完全な骨折り損となる可能性も十分にある（犯罪被害者の救済と支援のためには、この点に関する対応が必要であると筆者は考え、第六章で検討しているので後ほどそちらを参照していただきたい）。

これまで説明してこなかったが、この犯罪被害者の遺族に関する記述を読んでおそらく司法関係者がもっとも驚くのは、一九八〇年代の事件であるにもかかわらず被害者側に弁護士がついていたケースが存在したということであろう。これもまた驚愕すべき事実といっても過言ではないと思われるので、一言説明しておこう。

弁護士は、被害女性の父親の依頼による。Sさんは東海地方に来るまでも多くの苦労をされているが、名古屋の郊外にある製造業の大企業の工場に就職した。いろいろお話を聞いていると、反骨精神がたくましく、また、非常に合理的な思考ができる人で、自分を客観視したり、自分が置かれた状況を冷静に認識する能力を持っているように思われる。現在の自分にとって何が必要か、自分の権利を守るためには今何をしなければならないのかということに関して、決断力に富んだ人のように思われる。話は面白く、そのときの自分の行動や心理状態を外部の第三者の目から見てコミカルに描写することにも長けている。大企業の工場の現場で夜勤の勤務を続ける過程で、労働組合運動を見たり関与したりしてきたのかもしれない。

偶然のことながら、弁護士につながる社会的資源のネットワークを利用できる位置にいたということも大きく関係している。移り住んだ名古屋の郊外で、市議会議員選挙に初出馬しようとする九州の自分の出身高校の後輩に偶然出会った。その後輩が資金も乏しく心細そうに選挙に臨んでいたときから親しく精神的に支援する関係にあり、やがてその後輩は議員として社会的ネットワークを広げ、社会的地位を持った人びととも交流するようになっていた。先輩の娘が強盗殺人事件の被害に巻き込まれて困っている様子を知ったその市会議員が、自分のよく知っている弁護士を紹介したことによって、弁護士がつくことになったのである。

第二節でも述べたように、弁護士と犯罪被害者の遺族のクライエントとの関係は微妙である。弁護士の配慮にもかかわらず、犯罪被害者の遺族は必ずしも満足していない。それは、なぜだろうか。弁護士は、報酬の割には多くの労力と時間を割いていると考えるが、依頼人である被害者の遺族は、そう考えるには比較の材料を持っていないということもあると思われる。最初に弁護士報酬について十分な説明がなされていなければ、支払いが完了した人たちについても、示談書に書かれていた額と実際に受け取った額とがかなり異なることを、遺族は不思議に思い続けることとなろう。また示談書の最初の総額と実際の手取りとの大きな差は潜在的なフラストレーションの源泉であり、それが少しでも弁護士の努力によって埋めてもらえたら有難いという希望もある。

さらにこれに弁護士の独立問題がからむ。法律事務所では、実際に事件を担当するのは法律事務所の経営者の弁護士ではなく、若手や新人の弁護士である場合が多いように思われる。そのように実質的に担当していた弁護士が独立すると、その法律事務所の別の弁護士や受任当時のことや経緯を知らない新任の弁護士に引き継がれていくようだが、しかしそうした引き継ぎは十分に機能しないことが多いのではないかと危惧される。

このケースでも、実質的に担当していた弁護士は、独立した時点でその仕事を離れてもかまわなかったのだが、示談を成立させた遺族のなかに死亡した人が出たため、その人たちに関する遺産相続の手続などを完了させて一段落させるまでは独立した後も手伝っていたとのことである。ただし、それはヴォランティア的に手伝っていただけで、基本的にはもとの事務所が責任を負うべきことというように認識されている。独立した弁護士としては、自分の事務所の立ち上げに追われながらも、報酬にならない元の事務所の仕事を加害者の両親の損害賠償に関して完了するまで責任を持って導いたのであり、支払が始まってもいない受刑中の四人のことまで自分が担当するというようにはまったく考えなかったと思われる。一般的な教訓としては、犯罪被害者やその遺族からの依頼ケースについて、法律事務所で実際に仕事を担っていた若手弁護士が独立した後に、当該の事務所で仕事の引き継ぎが十分かつ入念に行なわれるように配慮する必要があるといえよう。

本ケースは、日本において犯罪被害者等に弁護士がついた歴史的価値のあるものといってもよい。弁護士の役割は、現在と比較すると非常に限定的であった。現在の弁護士のさらなる課題については第六章で検討することとしたい。

6．Sさんとマスメディア

最後にSさんとマスメディアとの関係について簡単に触れておこう。

この事件に関する雑誌への比較的長い寄稿は二本ある。一本は雑誌の記者あるいは編集部員だと思われる中尾氏によるもの(8)、もう一つは通信社の記者である佐藤氏によるものである(9)。

先に述べたように中尾氏の場合は、Sさんの旧宅を訪ね、そこで示談書を見せてもらい、示談の条件を確認している。また、担当の弁護士を訪ねその支払いがどうなっているのかを確認し、さらに示談を成立させた四人についてその家族あるいは本人へのアプローチを試み、目視して所在を確認するに終わった一人を除いて、三人の家族あるいは本人との面談に至ったとのことである。

佐藤氏の場合は、主要には主犯格の当時少年（B）の控訴審の主任弁護人の事務所で情報提供を受けているように推測される。Bを刑務所に訪ねて面会したときの様子も記述されている。Sさんと会話をしている場面が描写されているので、Sさん宅の居間でBから来た手紙などを見せてもらいながら聞いたのではないかと思い、Sさんに尋ねたが、その記者の名前やどのような話をしたかを覚えていなかった。おそらく夜間に訪ねてきて、玄関先で対応したものと推測される。

これ以外には、『オール讀物』という小説の雑誌にではあるが、一九八九年に地方裁判所の判決が下されるのとほぼ同時にこの事件の検察官による冒頭陳述が掲載されたことがある。[10]なぜ、もうほんの少しだけ待てば判決文を入手して掲載することが可能なこの時期に、すでに終了している検察官の論告求刑でもなく、裁判開始時の冒頭陳述を掲載するのだろうかと非常に不思議に思ったのを覚えている。

新聞については、受刑者と文通していることに関して、おそらく最初に日本経済新聞に記事が出て、そのことをきっかけとしてマスコミ関係者の知るところとなり、取材に訪れる記者もいれば、電話で取材をする新聞記者もいたと思われる。[11]続いて全国紙では毎日新聞に記事が掲載された。[12]毎日新聞の記者の場合は異なるが、後続のマスメディアの記者からかかってきた電話での取材内容は、自分の娘を殺した相手に対して、どのような経緯があるにせよ「あなたもがんばりなさい」というような励ましの言葉をかけるのは変だということに集中した。まるで憎しみを持ち続けるのが当然で、そうでないのはおかしいと言わんばかりの質問を一時期浴び続けることになった。

マスコミ関係者から取材の電話がかかってきて、自分のことを「変だ、変だ」と言う、とSさんが困惑した様子で私に語ったことがあった。おそらく、二〇〇八年末から犯罪被害者等の刑事裁判への参加が認められるようになったことからSさんのケースがマスメディアの関係者の関心を呼んだと思われるが、もうそうした時期も去ったようである。このことからも、マスメディアというのは、犯罪被害者等の本人の状況などについてはまったく無頓着に、自分たちの関心と都合によって、マスメディアのスケジュールやタイミングに基づいて取材を行ない、報道するということが明らかである。

この出来事は、マスメディアはステレオタイプ的な分かりやすい被害者像を描き出そうとする傾向があることを明らかにしている。典型的なイメージに合致しないと変だというように、決めつけるといわないまでも疑義を呈して本人が悩むまでに質問責めにするというのは、はたしてそうした取材でいいのだろうか。犯罪被害者や遺族の、その犯罪被害についての経験、認識や対応のしかたはそれぞれに異なる。マスメディアがその取材や報道において、犯罪被害者等の多様性をきちんと受けとめ、受容するようになってほしいと願っている。

先に述べた犯罪被害者の父親に取材した雑誌記者は、発行後にその雑誌を送ってきたが、Sさんはそうしたメディアへの関心は薄く、その記事を読んでいない。筆者もあえて勧めることはしていない。犯罪被害者等のなかには、報道に関心があり、マスメディアの報道関係者に積極的に働きかけて協力者を作り出そうとする人もいる。あるいは報道関係者のほうから自主的に犯罪被害者等の協力者になることもある。こうした方法によって、マスメディアの影響力を積極的に利用して、目指す目的や利益の実現を図ろうと努める犯罪被害者等もいる。

しかし他方で、マスメディアによる報道に関心はなく、自分のことがどのように報道されているのかについても確認しようという欲求を持たない犯罪被害者や遺族もいる。すなわち、犯罪被害者等のなかには、たとえ自分がマスメディアによって取材されても、その取材内容がどのように報道されているのかについて一切関心を示さない人もいるのだ。

一見したところSさんはマスメディアに対して無防備すぎるようにも考えられる。しかしながら、本来、自ら何らかの運動を志向していたり、他者を説得しようとしたり、制度や法の実現を目指すというのでなければ、こうしたマスメディアに映し出される自分の姿について、あまり関心などを示したりはしないものなのかもしれない。まして、その製作過程に携わる者に対して異議を申し立てたり、注文をつけたり、訂正を要求したりなどはしないものなのであろう。

マスメディアを通じて映し出される自分の姿が、どこまで自己のアイデンティティに帰属するのかは人によって異なる。アイデンティティは、それを自分のアイデンティティの一部であると考える人にとってのみ、アイデンティティの一部として機能したり、あるいはアイデンティティとなったりするのかもしれない。

Sさんは、健康に気遣いながら毎日の生活を送り、直接に経験できる自分の生活世界を重視した生きかたをしている。

注

(1) 鮎川潤『新版　少年非行の社会学』第一章「ある強盗殺人事件の研究——大高緑地アベック殺人事件」世界思想社、二〇〇二年。

(2) ただし、二〇〇八年一二月から、刑事裁判において犯罪被害者の遺族が参加できる制度が開始されたが、その際に受刑中の加害者と文通しているSさんの存在がマスコミ関係者の目に留まり、取材が相次いだことから、Sさんは返事を書き送ることを控えるようになっている。

(3) この問題への対応については第六章を参照されたい。

(4) 主犯格の受刑者の両親との間で成立した示談は、四人の親に対して各四八四万五〇〇〇円の賠償を支払うというもので、この支払いは完了した。

(5) 中尾幸司「一九八八　名古屋アベック殺人——少年少女たちのそれから」『新潮45』二〇〇三年一〇月号、五二頁。

(6) 諸澤英道「被害者の権利と被害者政策」諸澤英道編『現代のエスプリ』三三六号、一九九五年、一〇〇頁。

なお正式な名称は、"Declaration of Basic Principles of Justice for Victims of Crime and Abuse of Power"(United Nations General Assembly, 29 November, 1985)であり、犯罪被害者のみならず、パワーの濫用の被害者のためのジャスティス(司法・正義)の基本原則の宣言である。

(7) 中尾幸司、前掲書、五五頁。
(8) 中尾幸司、前掲書、三八―五九頁。
(9) 佐藤大介「謝罪――無期懲役囚から被害者の父への手紙」『世界』二〇〇九年八月号、六六―七四頁。
(10)「特別検証 惨殺の構図 恐怖の無法地帯『アベック殺人事件』の全貌」『オール読物』一九八九年八月号、二五六―二八五頁。
(11)「娘を殺した受刑者と文通」(なお、この記事は共同通信が配信したものと思われる。)日本経済新聞、二〇〇八年一一月二九日。
(12)「正義のかたち 死刑 日米家族の選択/七止 塀の中生活二一年の元少年」『毎日新聞』二〇〇九年一二月二一日。

第4章 生活者としての殺人事件の犯罪被害者等

1．もう一人のアベック殺人事件の犯罪被害者等——

地方更生保護委員会への要望

一九八〇年代に起きた少年による殺人事件の被害女性の遺族について前章で紹介したが、この事件ではもう一人、男性が被害にあった。加害者と被害者とは二〇歳前後で年齢も近かった。被害者の二人は、理髪店で出会って交際しているカップルであった。男性はすでに理容師の免許を取得していて、理髪店を経営する父親から後継者として期待されていた。

被害男性の父親は事件後数年で死亡しており、母親が被害者の弟である息子と生活していたが、その息子は現在独立している。いうまでもなく事件は非常に多くの重大な影響をこの家族に与えてきた。

たとえば父親は楽しみにしていた自分の店の後継ぎをなくして落胆して失望し、店をたたんでしまい数年して亡くなった。兄の非業の死は弟にも影響を及ぼした。現在は家族を得て元気に暮らしているが、かなりの期間困難を経験したこともあった。しかし、その内容について具体的に記すことは差し控えたい。ただここで確認したいのは、家族の一人を犯罪の被害で失うことは死亡したその人に関することだけではなく他の家族メンバーに大きな影響を与えること、それまで有機的に機能していた家族システムの一つの要素の欠落は他の要素にも影響を与えないではおかないということである。喩えていえば、いままで噛み合っていた歯車のうちの一つが抜け落ちてしまうようであり、他の歯車が止まってしまったり空回りして伝動できなくなってしまったりして、全体としても従来どおりに機能できなくなったり、アウトプットを出すことができなくなったりするということである。

この事態に直面してこの家族の場合は内部調整を図って立ち直っていった。しかし、この件から筆者が気づいたのは、これとは別の方法（戦略）を用いることによって、残された家族メンバーによる集団や個人が社会生活から脱落していってしまうことを阻止しようとする犯罪被害者等もいるに違いないということである。すなわち外部との関係において家族や個人を立て直してサヴァイヴするという方法である。これは意図的、非意図的を問わない。あるいは意識的、無意識的の両方を含む。

その第一は、加害者に対して復讐、報復をするという目標を設け、その実現に向けて最大限の努力を行なうものである。誤解のないように強調しておきたいが、筆者はこの方法を批判するつもりはない。それは損害を被って残された個人や家族にとって、自らを存続維持するための数少ない選択肢の一つなのだ。その効果を目指して意図的に行なわれている場合もあるかもしれないが、多くは無意識的にその方向が選択される場合のほうが多いのであろう。

第二は、自分たちと同様の苦しみに陥っていると思われる犯罪被害者のための活動に邁進するというものである。それは、社会的貢献という結果ももたらす。第一と第二のものが合体されて追求される場合もあれば、後者だけが目標とされる場合もあるだろう。たとえば、アメリカ合衆国でしばしば見られるように、犯罪被害者の権利の獲得と拡大や、自助グループの組織化や拡充に多大なエネルギーを注ぎ込むといった場合である。第一の方法であれ第二の方法であれ、いずれも一つの重要な要素が欠けてしまった自己の家族の維持やサヴァイヴァルのために「攻撃は最大の防御」とでもいった戦略が用いられているということができる。そうしないと、重要な要素を失った家族は解体したり、消滅したりしてしまいかねないのではないだろうか。

男性被害者の遺族は、女性被害者の遺族とは異なり加害者や加害者の家族との接触を断ってきている。いうまでもなくマスメディアからのアプローチも断り接触を避けてきている。どのようにして知ったのかマスメディアの記者が自宅に突然訪ねてくることもあるようだが、お話ししないという方針を上手に貫いているようだ。

二人の被害者の遺族に対して更生保護に関係した役所の動きが始まっている。女性被害者の遺族に対しては、遺族の居住地の保護観察所から以前に問い合わせの手紙が来たようだが、この男性被害者の遺族の方へは来なかったのかではないかとも思われる。いずれにしても、少年受刑者が受刑して約二〇年を経れば、全国に八箇所ある地方更生保護委員会のうちで、現在、受刑者が収容されている地域をカバーする地方更生保護委員会から、加害少年についてどのように考えているのかを問い合わせる手紙が送られてきている。従来から無期懲役の者の仮出所にあたっては、被害者の感情調査をすることになっており、問い合わせが行なわれていた。二〇〇七年に更生保護法が成立し、二〇〇八年から施行されることによって、さらにそれが励行されることになったといってもよいであろう。

従来は単に事件についてどのように思っているか、受刑者を仮出所させるか否かについての考えを問うというかたちで、アンケートも主要には「はい」、「いいえ」のいずれかを選択するというもので、遺族にとっては選びようがないという気持ちになっていたこともあったと思われる。更生保護法のもとでは、被害者の気持ちを受刑者に伝達するという「心情伝達制度」も開始されており、この被害者感情調査――私は、この名称が変更されることが望ましいと考えるが――についても、犯罪被害者等の考えと気持ちが率直に反映される様式に改善されることを望みたい。

無期受刑者――そのほとんどが被害者の命を奪っている――の仮出所準備に関わる被害者遺族への質問紙に関して、どのような項目でどのような文にするのかについては、更生保護に携わる部局や地方更生保護委員会が研究すべき重要でセンシティヴな課題だと思われる。どのようにすれば、犯罪被害者等が回答しやすいものになるのか、犯罪被害者等の意識が正しく反映されたものになるのか、ということである。

じつは、従前のものではあるが、この犯罪被害者の遺族も送られてきた質問紙にどのように答えたらいいのかとまどった。いたしかたないことかもしれないが、じつはこうした書状が突然送られてきたことに、まず驚いたのである。次に、質問紙に回答する側としては、選択肢と自由記述とが組み合わされて質問紙が構成されている場合、自由記述の回答がどの程度尊重されるのか、どのように反映されるのかが気になる。こうしたアンケート用紙は、最初に、「回答する」のか、「回答しない」のかのいずれかに印をつけ、回答する場合にそれ以下の質問項目に進むことが多い。回答したくないという気持ちで「回答しない」という選択肢を選択した場合に、どのような理由でしたくないのかというのは非常に重要なポイントだと思われる。その点についても十分に配慮したものとなっていることを願いたい。

すなわち仮出所に関することは、一切地方更生保護委員会に任せるので自由にやってもらいたいと言っているのか、そうではなくて、回答をすることさえも嫌なほどに、受刑者に対して許せないという感情を現在に至るも持っているのか、といった違いが反映される回答用紙になっているのかどうかである。自由記述のスペースが設けられた場合も、それがどのように利用されるのかを懸念して犯罪被害者遺族等が何も書いてこない場合があると思われる。「沈黙のことば」の意味は非常に読み取りにくい。しかし、努力を怠るべきではない。万が一、地方更生保護委員会があたかも一切の権限を受託されているかのように誤解される余地を残しているとすれば、好ましいとはいえないように思われる。あるいは、書き手にそのような疑念を生じさせたようであれば、結局は最後の仮出所決定や仮出所後にコンフリクトを引き起こすことが十分に予想される。

選択肢の質問文の全体的構成に違和感を抱く犯罪被害者の遺族の回答者もいるようだ。地方更生保護委員会が知りたいと思うことと、被害者が言いたいと思うこととは異なる。おそらくすでに多くの検討がなされた上で作成された質問回答用紙だとは思われるが、そうした二者の意向が調整され、被害者やその遺族が可能な限り違和感なく回答することができ、途中で回答を放棄してしまうことが少なくなり、回答者の真意がより反映されるといった工夫が一層なされていくことを重ねて期待したい。

以上、犯罪被害者やその遺族に対する待遇が少しでも改善されることを願って、細かいと思われるかもしれないことについても詳しく述べてきたが、本ケースと関係したことについてもう一点のみ付け加えることとしたい。

少年事件では共犯者がいることが多いと思われるが、この事件ではそれがもっとも鮮明に現れている。共犯者がいる場合、こうした質問票はいったい誰についての問いなのかが不明というようなことは避ける必要がある。すなわちこの事件で、現在、無期懲役で受刑中のものは二人いる。その者たちは、じつは同じ刑務所に服役している。しかし、犯行における役割も年齢も異なる。裁判時の親の対応も大きく違えば、その後の慰謝の措置もまったく異なっている。一方は約一〇〇〇万円の損害賠償を行ない、もう一方はなんらの手当もしていない。遺族の考えは、二人のいずれかによって大きく異なってくる可能性がある。しかし、受刑者のプライヴァシーに対する配慮もあろうが、送られてきた質問紙には、質問の対象となっている人物がいったい誰であるのか推測できる手がかりはなかった。これでは正確な解答が得られがたいと思われるので、一考するのが望ましいと思われる。もし新たな更生保護法のもとで、その後すでにこうした点についても改善がなされているとすれば、その労を多としたい。

2. 幼い娘を殺された牧師

一九八〇年代に、知人に依頼されて教会に出入りすることを了承した少年によって、教会の牧師の娘が殺害されるという事件が起きた。一九歳の無職少年が小学校就学前の少女を連れ出し、知人の家でいたずらしようとしたが騒がれたため、布団などをかぶせて押さえつけて殺したというものである。

少年の経歴として、中学一年のときに三歳の幼女に対する強制わいせつで補導されるなど、四回の補導あるいは検挙歴があるようだ。少年は、中学卒業後、理容師、塗装工などの職を転々とする。熱心なキリスト教信者一家の影響で中学卒業の翌年からこの教会に通うようになっていた。礼拝へは欠席や遅刻が多いが、教会のサークルである音楽バンドには熱心で、バンドのボーカルをしていた。三〇歳近くのバンドリーダーをしていた施設指導員の住居にも出入りするようになったが、今回の犯行に使われたのはその家であった。なお、少年は事件の前年に工場内清掃員を辞めてからは定職がない状態だった。

犯行当時一九歳だった少年は、家庭裁判所から検察官送致された。地方裁判所判決は、無期懲役の求刑に対して懲役一八年であった。控訴され、無期懲役の判決が下りて確定した。

被害者の遺族の牧師と話をする機会を得て、聖職者、宗教関係者は、他者の「役割取得」、共感能力、感情移入能力、他者追体験能力が非常に優れていることに感銘を受けた。それは他の被害者の遺族からは発されることがなかった「もし自分が加害者と同じ環境に育っていたら……」という発言があったことにも示されている。会った当時、山口県光市で起きた少年による母子殺人事件に対して最高裁判所で差し戻しの決定がされ、その後の控訴審の行方が注目されていた。この事件についても、追体験的に、自らが犯罪被害者遺族であったならばどのように思考したり、どのような結論を導き出して行動したりするのかを冷静に考察し、さらにそれによって将来どのような帰結がもたらされる可能性が高いかまでも予測して話された。それは、他の被害者の遺族とはまったく異なる語りであった。

この犯罪被害者遺族からは子どもを亡くした場合の悲しみの深さに、あるいは悲しみの種類に性差が表れる可能性への言及がなされた。自らおなかを痛めて産んだ子どもを亡くした母親の悲しみは父親では想像できず、二〇年近い年月が経るまで被害にあった娘の名前を口にすることはなく、最近ようやく言葉に出して話をすることができるようになったとのことであった。(1)「本当に悲しいことは、話をすること自体に苦痛を伴うため、かえって身内同士では話し合えないことが多い」という財団法人被害者支援都民センター事務局長の大久保恵美子氏の指

摘は的を射ていると思われる。(2)

また、遺族である父親としての発言のなかで、なるほどと思われることとして、自分の気持ちを「分かった」と言われると「分かってたまるか」という思いが湧いてくるという発言があった。これは犯罪の被害にあった人の微妙な気持ちを的確に捉えた言葉であると思われた。犯罪被害者等の個別的な経験、とりわけ自分の子どもを犯罪で亡くすという経験は誰とも共有できないほどに衝撃が大きく、その悲しみは深いものであろう。それゆえ他人から理解できるとか分かったというようなことを言われると、非常に反発心が沸き起こってくるということであろう。安易に「分かる」とか「理解できる」などという発言をすることが許されるはずはない。しかし、分かりっこないのだから分かってもらう必要はない、分からないのは当然だからもう完全にほっておいてもらいたい、かかわりにならないでもらいたいというのが犯罪被害者遺族が真に望んでいることかといえば、けっしてそういうわけではない。

被害者の遺族の父親は、当初、そしてかなり長くの間、なぜ自分がこのような目にあわなければならないのかと理解できず、問うていたという。聖職者でもない筆者の勝手な推測で恐縮だが、自分のように神に誠心誠意仕えてきた、一般の人よりもはるかに深く聖書を学び、理解し、神を信じ、信仰心厚く神に仕え、その福音を述べ伝え、祝福を人びとに与えてきた、そのような自分がどうしてこのような不幸にあわなければならないのか、その理由がまったく分からないということだったのではないだろうか。なぜ信仰に導かれて洗礼を受け、神学校で学び、按じゅ礼を受けて牧師の道に入り、神の恵みについて人びとや信者に説いてきた聖職者である自分が幼い娘の命を奪われるという過酷なめにあわなければならないのか、という問いに対する答えが見つからないまま――当然そのことについては他人に尋ねるようなことではなく、自らに問いながら――牧師生活を続けておられたようである。

しかし、ある年のクリスマスの準備をしているときに突然、神が一人子を遣わしたことの意味、神がどれほど私たちを愛しているのかの意味が分かるとともに、もう一つ、赦しについても理解することができたとのことであった。神が、一人子であるわが子が十字架につけられて刑死することになると承知した上でこの世に遣わしたことの意味ではないかと思われる。自分がどのような気持ちで自分の子どもをこの世に遣わしたのかが「分かったか」というように神がおっしゃったのを聞いたということである。このことについて父親である牧師は、それまで説教をしてはきたが、頭では分かっていても、体では分かっていなかったが、それが理解できるようになったというようにも言われたと記憶している(3)。

加害少年ならびにその家族との相互作用については、両親からはお花料が送られてきていたが、こちらが辞退していたこともあり、その後たまに送られてきたものの、一〇年前に途絶えたとのことである。加害者からはもはや手紙は来ておらず、保護観察所から問い合わせもないとのことであった。受刑者に何か変化があったのではないかとの推測がなされている。

この牧師がたまたま持っていたのか、牧師はそうした能力が身につくのか、牧師になる人はもともとこうした能力を持っているのか、経験不足の筆者には知る由もないが、他者の立場に立って考えることのできる聖職者の共感能力の高さについては考慮に値することとして心に留められるべきではないかと考えられた。次章で紹介するが、アメリカ合衆国の子どもを亡くした親の会の年次集会に出席して、臨床心理士の主催するセミナーに出席したおり、スピリチュアリティについて問題解決への手がかりとして提唱されていたが、信仰は悲しみや憎しみを積極的な価値をともなって生きることへと転化し、高めていくものとして意義を持つように思われる。

3．時効直前に犯人が逮捕された犯罪被害者等

このケースは、家族が犯罪の被害にあって死亡した時期と犯人が逮捕された時期とが大きく異なる、日本ではまだ珍しいケースである。むしろ、次章で述べるアメリカ合衆国においてみられるケースではないかと思われるが、ただしアメリカ合衆国では結局犯人が逮捕されないことも多い。

事件が発生した後、犯人は捕まらないままであった。事件から一五年後に刑務所にいた受刑者が、時効直前に管轄の警察署に移送されて、尋問され逮捕されたというものである。この事件の遺族の考えは会うまではまったく思いもつかず、話を聞いて驚き、最初はわが耳を疑った。被害者の遺族は、周囲からは逮捕されてよかったと言われるが、自分としては容疑者不明、容疑者未検挙のままで位置づけて自分を納得させてきており、長い年月を経た後に突然に検挙されたことはむしろ望んでいたことではなかったと発言されたのである。ただし、おそらくここには事後的な解釈も含まれているのではないかと推測される。つまり、ようやく安定した生活を送っていたところ、犯人が逮捕され、周囲の人びとの自分への対応が変化したり、再びマスメディアの関係者による集中的な取材に遭遇したり、裁判を傍聴して再び事件についての記憶がフラッシュバックすることになったりなど、おそらく逮捕以降の実際の生活が必ずしもよい方向へは変化しなかったという経験が含まれた上で、現在から判断が行なわれているのではないかと思われる。

私たちは、マスメディアを通じて映し出され伝えられる犯罪被害者とその遺族の姿と発言しか知らされていないため、とりわけ殺人事件の被害者遺族はどれほど時間がかかろうが犯人の逮捕を望んでいると思っている。しかし、実際にはそうではない犯罪被害者の遺族が存在するということである。筆者がインタビューを行なった二〇〇七年当時、時効の消滅については話題になっていなかったので尋ねることはなかったが、もし尋ねたならば望んでいないという回答が返ってきたのではないかと推測される。一五年間の時効前でさえも逮捕されることを望まなかったのであるから、逮捕して起訴して有罪判決を得る可能性がある時間が無限に延長すること、そして逮捕によってそれまで組み立てた生活が大きく修正を迫られることを望むとは考えられないからである。

こうした複雑な心理は、周囲の者ではまったく予想できない、当事者でないと分からないものであるといってよいだろう。周囲の者から見ると少なくともそれまでの状況をよりよいものに改善させたと思われる出来事が、じつは当事者にとってはいままでの年月を経てむしろ心理的に安定していた状態を混乱させる、困惑をもたらす出来事として認識されたということである。

時を隔てての犯人の逮捕は、遺族にとって、犯罪被害者等という地位が突然再興してくること、少なくともそれまで潜在的であった地位が主要な地位として付与されて、それにふさわしい行動が期待されることになり、それは社会的に煩わしさをともなうものとなりうることを示している。

子どもが殺害されて歳月を経た後、最近あるいは近年その犯人が逮捕された犯罪被害者等として見られること、近隣の人や知人からそのように接されることが苦痛であったとのことである。とりわけ、道を歩いているときの他人の「まなざし」について説明され、自分の多様な人格を一つの型にのみ当てはめて見ている、そのようにしか見ないで自分の自由な行動に制約を加えるものとして経験されていたということである。こうした状況をさらに苦痛だと感じさせるのは、そのことを他者へ訴えるわけにはいかないということが加わっているように考えられる。犯人が逮捕されてよかったですねと語りかける他者は、自分に対して悪意を持っているわけではなく、むしろ喜びを共有して、その労をねぎらって声をかけてきている。他者の行動は、善意によるものであると考えられる。ただし、たとえある場合には好奇心に基づく場合であっても、外見的には厚意や同情といった性質をともなって表現されており、それに対してたとえ反発心を抱いたとしても、表立って非難を加えたりすることは不可能だということがあるのではないかと推測される。

いずれにしても、逮捕される必要はなかった、逮捕してもらいたくなかったという遺族の思いは、筆者の想像を超えるものであった。それというのも新聞記事には、事件当時、犯人が逮捕されないため、この遺族の父親は周囲の人から犯人ではないかというように見られたと書かれていたからである。犯人の逮捕によって、父親は自分が犯人ではないことが証明され、周囲からの疑いのまなざしが完全に誤りであることが判明したという、好ましい結果をもたらしたはずであるにもかかわらず、むしろ逮捕されなかったほうがいいというのが本音であると語られたのである（ただ、まず何よりも、娘の命が奪われた事件は、他人によって再び取り上げられて騒がれたくはない、つらく悲しい出来事だったということであろう）。

逮捕され、送検された後はトントンと順調に進んだが、裁判では、被告人が検察官の揚げ足取りをし、証拠とされる足跡について疑義を述べたり、妨害的な言動をしたりしたので許せない気がしたとのことであった。傍聴席からなぐりかかろうとして制止されたというような新聞記事もあったが、それは誤りで、そうした気持ちを持って待ち構えていたこともあったが、被告人が反対側の入り口から入廷したため、機会を失ったとのことである。

突然に子どもを失うことは、それ以外の子ども——被害者の兄弟姉妹がいた場合だが——の子育てに大きな影響を与えることが判明した。その他の子どもも突然、思わぬことで命を奪われるかもしれない、自分の手元から奪われてしまうかもしれないということが意識に上るようになる。この犯罪被害者等の場合だと、被害者よりも若年の子どもたちを甘やかして育てることになってしまったとのことである。

このように、子どもが一人奪われることは、その他の子どもの育児や養育にも影響を与えるということは十分に留意する必要がある（次章で紹介するように、アメリカ合衆国における子どもが殺害されたケースでも、母親は、残された子どもが殺害された子と同じ年齢に達したとき、その子どもも死亡するのではないかと、不安にかられたことを述べていた）。この章の最初に紹介したケースのように、残された弟が兄の死によって大きな影響を受けることもある。

これらの親の不安とともに、子どもが殺害されたことによって、別の子どもに対する親の接し方、養育などが実際にどのように変化したのか、兄弟姉妹の生活や人生がどのような影響を受けたのかということは、今後探求されるべき重要なテーマの一つに思われる。

容疑者の逮捕時、さらに送検までの間に、犯罪被害者等である父親は、警察に呼ばれるということは一度もなかったが、その後、検察庁へは呼ばれたとのことである。新聞記事によれば、一、二回を除いてほとんど父親は裁判を傍聴したようである。逮捕時、加害男性は三四歳。被害者の父親は還暦に近い年齢になっていた。被害者である女児は一二歳で殺害された。その当時、犯人は一九歳の少年、両親は四〇歳前後であった。

二〇〇二年に下された判決は懲役一一年。検察側は一五年を求刑していた。被告人は殺意を否定したが、検察側は明確に殺意を立証できなかったため、検察側からは控訴しなかった。被告人は被害者が自分にぶつかってきたのであり、強制わいせつ致死ならば時効は一〇年で、それがすでに成立していると主張するとともに、さらに自分の場合は自首に該当するとも主張した。加害者には娘が二人いたが、死亡したほうの娘が生きていれば被害少女と同年齢の一二歳になるということもあって、自供を決意したようである。しかし、そのときすでに犯罪被害者等は一五年間かけて新しい生活に適応していたところ、突然それが根底から覆るような事態がもたらされることになった。それはおそらく母親のストレスを高め、加齢現象を加速させるとともに病をももたらした可能性もあると考えられる。

子どもを犯罪の被害で失うという悲しみについては一般の人びとも十分に理解でき、それに対するサポートが充実される必要があることに異論は出ないであろう。しかし、意外に思われるかもしれないが、年月を隔てて容疑者が逮捕された時期も、犯罪被害者等にとっては大きな危機なのである。マスメディアはそのことをきちんと踏まえて、取材にあたっては家族の心情を困惑させないような配慮が必要である。また、この時期についても犯罪被害者の遺族に対する十分なサポート体制が整えられる必要がある。この二点について、今後実際に実効性をともなった犯罪被害者等支援策が推進される必要があると考えられる。

4. 家族メンバーの死と家族への影響

一九八〇年代のある日、被害者（当時二〇歳）は女友だちと一緒に、ガソリンスタンドで別の男女の到着を待っていた。その際に、半年前に結成し、当時警察による集中取り締まりと壊滅作戦の結果、解散することを決めた暴走族が、解散記念のパーティをガソリンスタンド近くの飲食店で行なっていた。飲食店の外に出てきた彼らの一部が、ガソリンスタンドにいた被害者の女友だちをからかったため、被害者がたしなめたところ、集団暴力のターゲットとされた。暴走族は飲食店にいた仲間を呼び出し、ガソリンスタンドの事務室に逃げ込んで様子を窺っていた被害者を、近くの路地に引きずり込み、一三人で暴力を加えて死亡させた。この事件の主要な関与者は家庭裁判所から検察庁へ逆送され、起訴された。初公判では、被告人七人の年齢は一六歳と一七歳で、うち六人は共謀を認めた。判決は、主犯格の二人に短期三年長期四年六ヵ月、三人に短期一年六ヵ月長期二年六ヵ月の不定期の懲役刑が下り、残る二人は移送となった。なお、判決時の被告人の少年たちの年齢は一七歳と一八歳であった。

この被害者の遺族にもお目にかかったが、具体的な内容に触れることは差し控えたい。ただ、二〇年ほど前に少年による犯罪の被害者となった遺族と会うという経験を通じて、一般的に二つのことが判明したのでそれを述べておきたい。

まず、インタビューを申し込んだ時点でマスメディアに対する不信感が非常に強いことが明らかになったケースが複数あった。自らが考えているのとは異なる内容が被害者の遺族のコメントとして掲載されたのかもしれない。それは新聞ではなく雑誌かもしれない。ひょっとして映像メディアであったのかもしれない。いずれにしても、インタビューの内容として自らが考えたり意図したりしたところと異なった部分が報道されたり、自分が望まない方法で、あえていえば商業的に利用されたというような経験を持っている場合に、最初から拒否的な対応がとられる場合がある。こうした場合、こちらの意図を十分に説明して、さらにこちら側から話された内容を公表しないという条件のもとでインタビューを行なった犯罪被害者等もいる。また、いうまでもなくマスコミ云々というのではなくて、事件からすでに長い年月が経っており、事件当時とは全く異なる生活環境のもとで生活しているため、静かにしておいてもらいたいという犯罪被害者等もいた。

少年たちによって息子の命を奪われた遺族で、現在、個人住宅に住み、一定の社会的地位を維持している人のなかには、自分たちはまがりなりにも生活できているので、少年犯罪の犯罪被害者等に関してではなく、むしろ犯罪の行為者へ焦点を当てるべきだということを語った人もいた。すなわち犯罪被害者等のサポートよりも、むしろ犯罪防止へ力を注ぐべきだという意見だ。筆者の印象としては、前章とこの章で紹介したケースに如実に示されているように、犯罪によって一人の人命が奪われたような場合、その影響は家族メンバー全員に及び、大きな打撃の影響が直接的、間接的に二〇年後までも残っていることが多いように思われた。また、現在の生活への適応に成功している人は、「犯罪被害者」「犯罪被害の遺族」といったカテゴリーによる自己定義を脱しておられるようにも見受けられた。

なお、子どもを失った事件以降に、もう一人子どもを授かったり、あるいはすでにもう一人子どもがいたり、あるいは複数いたりする場合には、親にとって生きる大きな励みになると思われる。犯罪被害者の遺族にいるもう一人の子どもに水を向けて、その子どもが情緒的、愛情の対象となるかのように私が語ってしまったとき――つまり、私が知らず知らずのうちに第二子の代替的機能を示唆してしまっていたとき――に、そのことについて敏感に察知して、先回りされて暗に否定的で反発的な答えが返ってきたこともある。確かに主観的にはそのとおりであろう。しかしながら、やはり実質的には意味を持っているように推定される。というのは、私からではなく、犯罪被害者の遺族から、自主的に語られる場合もあるからである。少年犯罪の被害者のご自宅を訪ねた折に、くったくなく親に甘えてくる子どもがそこにいたような場合には、そのもう一人の無邪気な子どもによって救われているというような発言が犯罪被害者等のほうからなされ、その子どもに向ける解放感のあるうちとけた相好を崩した表情とまなざしとが見られたりすることもあったからである。

5.「犯罪被害者等」というカテゴリーの呪縛

犯罪被害者等の考えや気持ちは非常にアンビバレンツであり、そうしたアンビバレンツな気持ちを長期にわたって持ち続ける、あるいは事件から長期間を経てアンビバレンツな気持ちになってこられているように思われる。たとえば、あるときは犯罪被害者というカテゴリーで見られることを希望することがあり、別のときには犯罪被害者というカテゴリーでは認識されたくない、そのように把握されたり、そのカテゴリーを動員して理解されたりしたくないという状況が存在している。

さまざまなカテゴリーのうちで、どれによって分類されるのかは当事者の自由になるわけではない。それが自分の思い通りにはならない、カテゴリーの適用に関して対立が発生することによって、いらだち、不満、憤りとなって現れることがある。

もし、犯罪被害者等がどの場合に殺人事件や犯罪被害者の遺族といった「犯罪被害者等」として扱われ、どの場合に「犯罪被害者等」として扱われないのかという決定権を持っているとするならば、周囲の者はそれを敏感に察知して、それに合致した行動をとる必要がある。いったい誰がそうした能力を持っていて可能かといえば、気心が知れた、長年にわたる継続的な深い付き合いがある人だけであろう。

一般のそれほど親しくはない交わりの人は、敬意を表明しながらも距離を取った、相手から非難や批判を受けることのない関係のしかたを望む可能性が高いと思われる。それは多くの場合は、おそらく犯罪被害者等の心情を慮っての行動であることに留意される必要がある。しかし、たとえそういった場合であったとしても、犯罪被害者等から批判を受けたり、不満を表明されたりすることもあるだろう。ただし、犯罪被害者等もまた、見知らぬ、しかし遺族の意向を尊重しようとしているのではないかと思われる人びとによって、ありがた迷惑的な行動を取られたりもしている。そして、迷惑であることを明言できなかったりする場合も多いであろう。

犯罪被害者等と相互作用をしたり、間接的に彼らを取り巻く人びとの立場からすれば、犯罪被害者等に対して、ある場合に犯罪被害者等としての役割を期待し、別の場合にはそうした役割を期待してはいないということがある。あるいは犯罪被害者等はつねに犯罪被害者等として生活し行動しているると期待していることがあるかもしれない。そうした予期や期待はマスメディアの報道によってもたらされることもあろう。

例えば犯罪被害者等がマスメディアへ登場するときは、つねに彼らの苦しみ、悲しみなどを語り、自分たちが置かれている理不尽な立場や、十分な権利が認められていないということを主張しているとすれば、視聴者は犯罪被害者等はそうしたことを中心としていつも生活を送っていると思い込むことになろう。そうした報道を受容するもとで醸成されたイメージに基づいて、一般の人びとはステレオタイプ的な役割を彼らへ期待していることも多いのではないかと推測される。こうした状況では、犯罪被害者等は堅苦しさ、息苦しさを感じることもあるのではないだろうか(4)。

犯罪被害者等はつねに犯罪被害者等としてのみ生活しているわけでないということもきちんと認識してほしいという欲求も存在している。常時、被害の悲嘆にくれているようなわけではなく、いつも犯罪の加害者や自分たちに被害を及ぼしたものに対する憤怒の感情を抱いて、それをつねに表出して生活しているわけではないということも理解してほしいという気持ちもある。『被害者だって笑うんです』[5]という本のタイトルは、犯罪被害者等に安心して笑ってもらえるような生活が訪れてほしいという願いがこめられているようだが、他方で、まさしく「犯罪被害者等」という他者からの役割期待に関するアンビバレンツな状況が反映されたものではないかと思われる。

とりわけ、事件直後には犯罪被害者等としての行為が多いかもしれないが、筆者が話を聞いた今回の犯罪被害者の遺族のように、二〇年、三〇年という歳月が流れると、こうした犯罪被害者等としての役割以外の生活が次第に中心となっている。すなわち一般の人びとと特に大きく変わるわけではない日常生活の部分が次第に比重を増していくものと思われる。そのために、突然犯罪被害者等としての役割を期待されると、どのように振舞ったら相手に理解されるのか、犯罪被害のことを忘れてしまっているかのごとくに誤解されるのではないだろうか、といった疑念が頭をもたげてくることもあるように思われる。

あるいは、犯罪被害者等の権利や犯罪被害者等に対するサポート体制の充実を図る運動を推し進めたり、そうした運動と結びついた行事を定期的に行なっているような場合だと、マスメディアを通じて一般の人びとに報道されるのは犯罪被害者等としての姿である。そのイメージに基づいて人びとはその人に対応しようとすることになるのだが、それはその人の現在の生活を代表する姿ではないかもしれない。

会うまでには至らなかったが、高校生であった子どもが高校の校内で同級生によって刃物で命を奪われたが、別の息子が家業を継いで、父親の事業をさらに発展させて、現在経済的にそれなりに成功した裕福な生活を送っているように推測されたケースがある。その母親は、電話で、自分たちは殺された息子のことを忘れてはいない、毎日、仏壇にご飯を供えているところからから何も問いかけないうちに語り始めた。これは、逆説的に見るならば、事件当時あるいはその後しばらくの期間は、犯罪の影響が非常に顕著であったり、犯罪被害が生活に多大な影響を与えていたりしていたのだが、年月の経過によってそうした時期は終了したことを意味している。それだからこそ、被害者の少年への愛情が維持されていること、死亡した被害者の記憶が薄れてはいないこと、亡くなった被害者への供養が引き続き行なわれ、関係が維持されていることを電話で伝えたいと考えたのではないだろうか。すなわち、自分たちの生活は犯罪によって受けた被害の深刻な直接的影響の痛手を回復し得ない状態のままではないこと、それをすでに脱していると認識していることを示しているといえなくもない。

いうまでもなく、少年犯罪の被害者の遺族の生活が、二〇年あるいは三〇年を経過したのちも事件の深刻な影響下に留まっていたとすれば、それこそが重大な問題ということになろう。

しかしながら、そうした苦難の克服によって、生活のなかから事件そのものが、あるいは犯罪被害者が消え去ってしまっているわけではない。被害者の人生が価値を持っていたということ、自分たちにとって重要な存在であり続けていること、まして忘却してしまっているわけではないということをきちんと認識しておきたいという欲求が存在している。さらにそうしたことを他者に伝えたいという欲求が潜在的に保持され続けているということができるように思われる。

注

(1) なお、「生みの親」という意識や感情は、おそらく今後、社会において離婚と再婚がさらに増加し、家族形態が変化し多様化していくなかで変わっていく可能性があると思われる。

(2) 大久保恵美子「犯罪被害者支援に携わる者の留意点」特定非営利活動法人 全国被害者支援ネットワーク編集『犯罪被害者支援必携』東京法令出版、二〇〇八年、一二九頁。

(3) ただし、お会いした時点では、償いという観点から死刑制度を容認しておられた。

(4) こうした状況を軽減するためには、第六章で述べるように「自助グループ」が有益と考えられる。

(5) 半田亜季子『被害者だって笑うんです！——少年に息子を殺された母親の一一年』産経新聞出版、二〇〇八年。

第5章 海外の犯罪被害者等とその支援

1. 海外の犯罪被害者等と犯罪被害者等支援について知る意義

犯罪被害者やその遺族のための日本で最初の立法は一九八〇年五月に制定され、翌年から施行された「犯罪被害者等給付金支給法」であった。この法律の制定には、一九七四年のテロによる三菱重工本社ビル爆破事件で無辜の通行人が巻き添えになったことが影響している。その後、一九九〇年代後半からさまざまな充実施策が図られ——第一章で見たように——現在、制度自体は世界でも最高レベルに達しているといってもよいほどになった。

一九九〇年代から犯罪被害者支援に対する施策が活発化したのは、一九九五年にオウム真理教による地下鉄サリン事件が起きて非常に大きな社会的インパクトを与え、無辜の被害者の救済が重要な課題として人びとに認識されたことによる。これは、アメリカ合衆国での被害者支援の拡充に九・一一の世界貿易ビルへの航空機突入のテロの被害が大きな影響を与えたのとパラレルであるということもできよう。さらに二〇〇一年に大阪教育大学付属池田小学校への乱入殺傷事件も起きて社会的注目を集め、心理的な側面も含めた犯罪被害者支援の重要性が再認識されたことなどによっている。

二〇〇四年に犯罪被害者等基本法が制定されて以来、一瀉千里の勢いで、基本計画が策定され、施策が検討され実行へ移されていった。犯罪被害者支援の推進に協力する人びとからは、日本の被害者支援は欧米よりも三〇年遅れているとつい最近まで口にされていたが、今ではむしろ日本のほうが欧米をしのいでいるところがある。

しかし、最初に犯罪被害者に対する救済を始め、保護、援助、そして権利の保障へと進み、制度と施策を充実させていったのは、アメリカ合衆国から始まりヨーロッパへと波及していった運動とそれへの政府の対応である。アメリカ合衆国からはとりわけそのヴォランタリズムとアクティヴィズム（ヴォランティア精神・自主性・活動主義）から多くのことを学びうると思われる。英国からは、犯罪被害者や遺族に対する支援のあり方や、医療、福祉をはじめとする他の制度や社会施策との連携について多くのことを学びうると思われるので、本章ではこれらの国について順次見ていくこととしたい。

2. ヴィクティム・サポート（英国）

英国は——ただし、イングランドとウェールズについてであるが——犯罪被害者への支援が社会全体のシステムへより有機的に組み込まれている。犯罪被害者やその遺族を事件後の時間の経過とともに、特に犯罪被害者等だということで特別扱いし続けるのではない方向へ、すなわちその他のさまざまな種類の被害者とともにサポートするという、統合の方向へ進んでいるように思われる。これが日本と大きく異なる点だと考えられる。

歴史的に見た場合、特に犯罪被害者自身やその遺族の団体が活発に活動をして、それが社会的に大きな注目を集めて変革がなされるというわけではなく、英国ではむしろヴォランティアや犯罪被害者支援団体が、犯罪被害者やその遺族の要望を代弁して制度の充実を図ってきたように思われる。犯罪被害者への給付金は、制度が始まった当初は損害賠償の形をとっていたため非常に多額の一時金が支払われていたが、次第に年金型へと移行して、つつましい額へと変化してきた。

英国では全国的な犯罪被害者等への支援はヴィクティム・サポートという団体が担っている。犯罪被害者が被害を届け出た警察署から、警察が個々の犯罪被害者の了解を得た上で、犯罪被害者の情報がヴィクティム・サポートへ送られてくる。ヴィクティム・サポートはその情報に基づいて犯罪被害者へ連絡を取ったり、犯罪被害者等が自らかけてくる電話相談を受けたりして、居住地域や隣接地域に居住するヴォランティアの支援者や心理カウンセラーを紹介したりする。また、ヴィクティム・サポートは犯罪被害者が受けた被害の損害賠償の書類を作成するのを手伝う。すなわち定められた書類に必要事項を記入して欄を満たしていくのを手伝うのである。

ヴィクティム・サポートは非常に効率的で合理的なシステムを形成しており、たとえば誰かが、ほとんど誰もクライエントが訪れない警察署のなかの受付窓口でずっと待機し続けるというようなことはない。電話局番は全国統一番号であり、その番号にかければ、日中であれば、発信した電話番号が所属する日本でいえば県よりも大きな地方自治体のエリアごとに、電話を集中して受け付けるセンターへ繋がるシステムになっている。夜間であれば、全国統一のセンターにかかる。こうした能率性は、日本の犯罪被害者等のための制度や犯罪被害者等支援団体が学びうる点だと思われる。私が訪ねたケンブリッジシャーのヴィクティム・サポートのセンターは、電話帳はもとよりインターネットに住所さえも明示されていなかった。

警察から紹介されたり、クライエントから相談を受けた当初は、ヴィクティム・サポートが支払う形で心理カウンセリングの機会を提供するが、初めの数回分の費用を負担するのみで、それ以降は、全国民が加入している保健システムへと移行し、そのもとで必要性が認められれば引き続き心理カウンセリングが提供されることになる。すなわち、日本では本人でも現在医療費は三割が自己負担だが、英国では住民なら誰でも無料であるので、その国民医療保健システムへ受け渡していけばいいということになる。

ヴィクティム・サポートは裁判所においても被害者の援助を行なうが、同時に証人サポートの活動も行なっている。犯罪被害者ばかりではなく証人の支援も行なっており、その活動内容は公正な裁判の実施を保障するという普遍的な価値に統合されているように思われる。このように犯罪被害者等に対する支援が、社会全体のシステムと密接に連携しており、能率的に組込まれているというのが特徴である。社会の他のサブシステム——例えば裁判所——の業務の一部の機能も担っており、他の制度や組織とも協働し、社会全体に貢献している。こうした点で、日本にとっても学ぶところが多いように思われる。日本の場合だと、犯罪被害者等が中心にいて、専門家や一般の人がそれを支援していくという形になっているように思われるが、英国ではより混ざり合って機能的に連携しあっているように思われる。

犯罪被害者等は、犯罪によってどのような被害、影響、衝撃を受けたのかということに関する言明である「ヴィクティム・インパクト・ステートメント」を行なうことができる。このヴィクティム・インパクト・ステートメントは、裁判で、事実認定が終了し、有罪か無罪かの決定がなされた後に行なわれる。しばしば間違って理解されているようだが、法廷において口頭で述べられるのではなく、通常は書面で提出される。あくまで「ヴィクティム（被害者）」が受けた「インパクト（衝撃）」についての「ステートメント（言明）」であって、量刑に言及することはできない。

日本の刑事法廷は、検察官と弁護人が左右に相対峙して向き合っている。英国の刑事法廷は、あえていえば教室のようである。すなわち、裁判官を前にして、机が何列か並んでおり、その机の左右に分かれて弁護士と検察官が座っている。弁護士と検察官は両者とも裁判官のほう向いて並んで座っている。その後ろの最後部に透明のガラスで覆われたスペース、あるいは乗り越えられないほどの高さの板で囲われたスペースがあり、そこに被告人がいるという構造になっている。法廷の物理的構造にもかかわらず、英国の刑事裁判は、その手続きにおいて当事者主義の構造が日本よりも厳格に守られているといってよいだろう。

英国のヴィクティム・サポートは、保守党政権下でも労働党政権下でも等しく支持を受け、犯罪被害者に対するサポートについてさまざまな提案をし、それを実現してきたといえる。また財源のほとんどを政府からの助成によっているため、政府と密接に結びついており、アメリカ合衆国の被害者団体よりも政府により協調的であるように思われる。ただし英国の刑事司法の専門家からは、かなりアクティブに見えるようである。

英国では、万が一犯罪被害者等が、自分や自分の家族に対する加害行為を行なった犯罪者が刑務所を出所してきたような場合には復讐として殺害したい気持ちがあるというような復讐の欲求があることを表明したり、一般の人びとから元受刑者に重大な危害が加えられる可能性があるような場合、その人に新しい名前を含めたアイデンティティが与えられる。マスメディアに対しては、その仮出所してきた元犯罪者を追跡したり、その人に関する報道を行なってはならないという禁止命令が出される。犯罪被害者等の人権と尊厳を重視して、犯罪被害者等への支援を促進させるとともに、他方で言論・出版の自由に制約を加えてまでも犯罪者の人権を守っていこうとするところに英国の民主主義の精神が見られるように思う。

ヴィクティム・サポートの職員やヴォランティアでは十分な対応ができない仕事もある。やはり重大事件では被害者支援における警察の役割は非常に重要である。英国は市民警察の伝統を持っているということであろうが、各警察署にはリエゾン・オフィサーが配置されている。犯罪被害者への連絡は、捜査にあたっている警察官ではなく被害者へ対応するこの専門のリエゾン・オフィサーがあたることになっている。たとえば、殺人事件であれば遺体の解剖などにどのくらいの期間を要し、どのように返還されるのかといったことについて説明を行なったりもする。日本の警察における被害者への対応は十分に配慮された優れたものであると思われるが、一番重要なのは初期対応であるだけに、この英国のリエゾン・オフィサーの制度は非常に参考になるといえよう。

3. 全国被害者支援組織（NOVA：アメリカ合衆国）

アメリカ合衆国における被害者支援の代表的な団体として全国被害者支援組織（National Organization of Victim Assistance：以下NOVAと略称）がある。NOVAは、三〇年間でゼロから三万三千人の会員にまで発展した、もっとも成功した社会運動の一つであるとされている。この組織は各地にある被害者支援団体を支援したり、それらの利益を代表する連合体のような全国組織である。この組織が社会的注目を集めて発展した契機としては、二〇〇一年九月一一日にニューヨークの世界貿易センタービルを狙ったテロリズムで犠牲となった多くの被害者の影響がある。

アメリカ合衆国の犯罪被害者支援の概略についてはすでに有益な紹介がされているので、[1]ここでは、NOVAの年次大会への参加経験も踏まえて、今まで海を隔てて文献による情報に基づいて認識していたときには気がつかなかった、あまり知られていない点について述べることとしたい。

第一は、この組織は、研修と資格取得の機会を提供する強大な利益関心団体となっていることである。検事局に所属して犯罪被害者等の支援を行なうアドヴォケート（代理人、代弁者、援助者）に研修の機会を提供し、資質向上というよりも、むしろ資格を付与したり、研修に参加することによってポイントを与え、資格の維持を可能にする機会を提供したりしている点である。NOVAは、そのことによって収入を得ている巨大組織という性質を持っているということに気がついた（いうまでもなく筆者はこうした点を好ましくないと価値判断しているわけではない）。

第二に、年次大会は情報交換の場として機能しているということである。連邦政府によって現在導入された新しい制度について紹介が行なわれる広報の場でもある。現在このようなことが検討されているとあらかじめアナウンスされることによって、連邦政府への補助金申請を準備するなどの対応を始めることになったりもする。やはり各州の違いが目立つアメリカ合衆国のことなので、その違いを認識し多様性を許容しつつも、将来的にその調整を図っていくことが念頭に置かれているように思われる。あるいは他の州で試験的に行なわれて成果が見られるものについて、今後自分の州や郡（カウンティ）でも取り入れ、その実現を図るといったように、情報交換の場を担っていると見受けられた。

第三は、ヴォランティアの確保についてである。これほどに成功した組織であり、犯罪被害者等支援が社会的に注目され支持を集めているとはいえ、アメリカ合衆国でも、具体的な支援の現場でのヴォランティアの確保ということになると、必ずしも順調に行っているわけではないことに気づかされた。一般の人がいきなり応募してくるわけではなく、被害者あるいは被害者の遺族といったように、身近なところで何らかの犯罪被害にあったという経験がある場合、あるいは自分が犯罪被害者やその遺族としてすでに何らかの援助を受け、それに対して恩返しをしたいといった意識を持っている場合に、自主的にヴォランティアを志願してきているようである。

ＮＯＶＡのこの大会でも、ヴォランティアの人材をどのように活用し育成するのかに関する発表があった。ヴォランティアに対するスクリーニングを行なったり、ヴォランティア活動の利害と動機付けが一致するように工夫することが提唱されていた。責任を持って仕事を遂行する有能なヴォランティアを確保するために、たとえば、成人学習の理論の利用、システム化されたトレーニング、全体的な統合、便利な時間の選択、個人化されたプログラム、役割演技とフィードバック、トレーニング・プログラム、モニタリング、ヴォランティア支援の会議、明解さと持続性の保持、公的な認知、修了資格などに留意する必要があると提案されている。これらの中では、特に研修によって資質の向上の機会を提供し、教育プログラムの充実をはかり、アドヴォケートが社会的に公的な資格として取り扱われるようになることが目指されている。良質のヴォランティアを確保して維持するためには、スタッフと同じ服を着用させるとともに、もし給与を払うのならば一〇〇％支払うことなどが注意すべき点として述べられたりもしていた。

第四として、日本の犯罪被害者等への支援の将来を予測する上で、非常に興味深い特徴を発見した。犯罪被害者等のアドヴォケートとして、特にドメスティック・ヴァイオレンスの被害者に対する役割が重視されていることである。それゆえ、NOVAの大会に参加しているアドヴォケートのほとんどは女性である。さまざまな紛争解決の方法としては調停（mediation）型と、対決（confrontation）型との二つの対応の類型に分けて考えることができるのではないかと思われるが、このアドヴォケートによる犯罪被害者支援は後者に属すると思われる。さらに、研修を受けているアドヴォケートのほとんどが女性となっている理由の一つは、おそらく犯罪被害者アドヴォケートが経済的な自立をはかろうとする女性たちにとって一つの職業選択として機能しているのではないかと推測される。日本でも、犯罪被害者を支援するヴォランティアやスタッフに対する研修が充実するにつれ、将来そうした支援者はセミプロフェッショナルあるいはプロフェッショナルな職業として認識され、相応の収入をともなうようになり、それにより経済的に自立した生活を確保するようになるのではないかと思われた。

第五は、NOVAの組織が巨大化し、むしろ犯罪被害者アドヴォケートに関する制度と事項が中心的な課題になってきたことの弊害が見られるようになった点である。あえていえば犯罪被害者を中心に据えた手作りの団体というのではなく、犯罪被害者アドヴォケートを収入を得るためのひとつの手段として利用するといった面が大きくなってきたことである。しかし、このことはこの組織の首脳部も気がつき懸念しているようで、これを補う試みがなされている。たとえば海外で犯罪に巻き込まれて行方不明になったと思われる女子学生の親による講演、誘拐されて殺人の被害にあった幼い娘の思い出とともにその種の事件が再発しないようにと立法がなされた成果に関する父親による追悼講演などが催されている。次第に聞かれなくなってきていた犯罪被害者等の話を聴いて、犯罪の被害にあった家族や遺族の心の慰めと癒しを祈るとともに、被害家族の心理や行動に対する理解を深める機会として全体プログラムが設けられたりしている。

4.「子どもを殺された親の会」(POMC:アメリカ合衆国)

アメリカ合衆国には「子どもを殺された親の会」(2)(Parents of Murdered Children:以下POMCと略称)という団体がある。筆者は、二〇〇七年にテキサス州ヒューストンで開催されたこの団体の年次大会に参加した。

「子どもを殺された親の会」は、この名称を聞いて日本人が一般的に想像するよりも範囲が広い。つまり、子どもといっても未成年に限らないことである。幼児を殺人事件で失った親もいれば、成人してすでに結婚した子どもを失った親もいる。

筆者は、寡聞にしてこのPOMCに参加した日本人の報告を読んだことがない。一般に公開して報告を行なうのは本書が日本で初めてかどうかは知らないが、おそらく非常に珍しい部類に属することと思われる。アメリカ人はどのように子どもを犯罪によって失い、その経験をどのように認識し位置づけているのかについて、いくつかのケースを紹介することによって理解を深め、示唆を得たい。


最近一一歳の娘を殺害された銀行マンが参加していた。しかし、殺害したのは面識のない他人どころか、妻であり、彼女は現在裁判を受けるために拘置所にいる。家族内の殺人事件であるが、この銀行マンは、筆者が質問することに対して躊躇しないで答えてくれた。

日本であれば、家族内殺人の家族メンバーが殺人事件の被害者として、家族以外の者によって殺害された被害者と同じ団体に所属したり、会合に参加したりするということはあまり想定できないように思われる。日本では、家族以外の他人によって家族メンバーが殺害された場合にのみ、犯罪被害者等とみなされる傾向があるように思われる。家族内の殺人については、おそらく遺された家族メンバーは犯罪被害者等であると同時にそれを防止できなかったということで加害者の一端ではないかというように自らをみなしたり、家庭の恥という意識を持っていて、あまり第三者に語ることはないように思われる。しかし、この銀行マンは、語ることをむしろ望ましいことと位置づけていた。なぜなら、娘に対してできることは、思い出してあげることだけだからだと語っていた。

二〇歳代前半の結婚を意識した年齢の娘をボーイフレンドに殺害された父親の職業は刑務官であった。自分が刑務官であるため、仮釈放がより難しくなる刑務所へ収容させたとの連絡を検察官補から受けたとのことであった。私が驚いたのは、この父親は、「自分は幸運だ」と言ったことである。すなわち、自分の場合は家族を殺害した犯人が逮捕されて処罰されているということである。確かに、子どもを殺された遺族の多くが、犯人がまだ捕まっておらず、いまだに捜査が行なわれたり、容疑者を捜索中だったりしていた。

この刑務官は、この事件以来、従来のように受刑者のリハビリテーションのためにエネルギーを割くことはなくなり、機械的に書類を処理するようになったとのことであった。なお事件直後、母親は食欲がなくなり、泣き続けて精神科にかかったが、現在は働きに出られるようになった。

彼は、自分たちが恵まれている理由として、犯人がすぐに逮捕されたことに加えて、陪審員が中年以上の老婦人などが中心であったため重い罰が下ったこと、さらに殺害された娘以外に彼女より一歳若い別の娘がいて結婚していること、そしてすでに二人の男子の孫がいることという三点を付け加えた。被害者の父親は、終身刑に該当する一〇〇年に近い刑が下ったことと、送られた刑務所が受刑者の家族が居住する地域から遠く、彼の母親は二四時間車を運転し続けなければ息子を訪ねることができないことを、好ましいこととして述べた。

自分たちは幸いなことに余生が長いわけではないから、天国で娘に会うことを願っているという発言をしていたが、その人は必ずしも日曜日に教会へ礼拝に行っているわけではない。むしろ、そうした人からもスピリチュアルな発言が聞かれることが興味深く、注目されるべきことではないかと筆者には思われた。

第二章、第三章では日本で一九八〇年代に子どもを殺された犯罪被害者等のケースを紹介した。そうしたケースと比較するために、一九八六年に娘を殺害されたウィスコンシン州に住む母親から話を聞いた。娘の年齢は、アメリカ合衆国では少年ではないが、日本ではようやく成人に達した年齢ということができる二〇歳であった。

どのようなときに娘のことが思い出されて頭を離れなかったかといえば、裁判、クリスマス、被害者よりも年下の息子が二〇歳になったとき、パロール（仮釈放）に関する犯罪被害者のヒアリング（意見聴取）が挙げられた。クリスマスは、今までと同じように家族全員が集まって団欒のひとときを過ごすことができない、家族メンバーが欠けて——それも殺人によって欠けた——今までとは同じではないクリスマスを送らなければならない。これは日本の犯罪被害者の遺族にとってはお正月ということになるのかもしれないが、クリスマスはイエス・キリストの「生誕」を祝う日であるだけに、「誕生」と子どもの「死」というコントラストゆえに、親の悲しみや喪失感ははるかに大きくならざるを得ないのではないかと推測された。

年下の息子が二〇歳になったときが挙げられたのは、この子にも、同じ歳に姉に起こったのと同じことが起きるのではないかと不吉な予感、懸念を拭い去ることができなかったということである。日本でも、同様の話を聞いたが、殺人事件に巻き込まれる確率が高いアメリカ合衆国では、さらにその不安感は強いものと推測される。

日本では二〇〇八年から、受刑者の仮釈放の審査の際に、地方更生保護委員会が、犯罪被害者等から意見などを聞き、仮釈放を許すか否かの判断に当たって考慮するという制度が始まった。アメリカ合衆国では従来より犯罪被害者等から意見の聴取が行なわれている。日本では書面で回答することが中心で、希望する場合は地方更生保護委員会の委員と会って話すことになっているようだ。しかし、アメリカ合衆国では、加害者と対面する機会が与えられる。この母親の場合、すでに二回行なわれたが、これはつらい経験だったとのことである。ヒアリングに出席するためにウィスコンシン州からワシントンDCまで出かけたとのことであった。

アメリカ合衆国における「終身刑」は、わが国の「無期懲役」と異なり一生刑務所に入っていることを意味するというように受け取られているが、そうではなく――ヨーロッパにおける終身刑と同様に仮出所が可能で――このウィスコンシン州の母親の娘が殺害された事件の犯人が刑務所で服役していた当時は一二・五年を意味したとのことであった(3)。この仮釈放のヒアリングの際に、被害者の遺族は直接、加害者に対して質問する機会が与えられ、母親は「なぜ殺したのか」という質問を含めて短く二つの質問をしたとのことであった。そのときの回答から、娘はただの友だちだと考えていたのに対して、加害者は娘を「ガールフレンド」だと思っていたことが分かったとのことであった。裁判については、事件について思い出されるとともに判決の行方が気になってつらかったということだと思われる。

ＰＯＭＣに参加したことによって、その他のさまざまなことも判明した。ヴィクティム・インパクト・ステートメント等についても重要な点が明らかになった。犯罪被害者等の陳述は日本では判決の前に行なわれており、さらに犯罪被害者等の裁判への参加が認められてからは、法廷で検察官の横の席に常時出席が認められる。アメリカ合衆国では州によって異なるのであろうが、ＰＯＭＣのある参加者によれば、陪審員による評決後に検察官によって証人として呼ばれることはあり、その後弁護側の質問はあるが、弁護士はきびしい質問をすることはほとんどなく、むしろ質問なしで終わることが多いとのことであった。

別のＰＯＭＣ大会参加者によれば、犯罪被害者等が、どのように被害を受けて困ったのかなどについて加害者である被告人に対して表明するヴィクティム・インパクト・ステートメントは、陪審員が有罪判決を下した後、さらに刑期の言渡しも終わった後の段階で認められているとのことであった。その段階では、被害感情を一方的に情動に訴えることも可能とのことであった。逆に言うならば、被害者の遺族が事実認定とは無関係の証人として証言することは陪審員による評決以前には行なわれないのであり、被害者の遺族の意見表明は、陪審員の評決と刑期の判決以前には行ないえないということである。こうした点からも、殺人事件の遺族には、アメリカ合衆国では——州による差異もあると思われるが——犯罪被害者等の権利がまだ十分には認められていないというように考えている人も多いようである。

なおアメリカ合衆国の子どもを殺害された家族メンバーの重要な仕事の一つは、犯人が逮捕されることが多くはないため、警察に対して捜査の継続を要請することだと判明した。犯罪被害者等の権利の観点から、アメリカ合衆国では殺人等の時効が廃止されていることにしばしば言及される。確かにアメリカ合衆国では時効がない。ただし、それは殺人事件の検挙率が低いためではないか。さらに殺人事件の認知件数が日本よりも格段に多い。それは犯人が逮捕されない未解決事件が多いことを意味する。警察としては、おそらく次から次へと起きる殺人事件の捜査に追われ、一つの事件に割くことができる時間もマンパワーも限られているものと思われる。したがって、犯罪被害者等は、犯人の逮捕に向けての捜査がきちんと行なわれるように警察をたえず動機づける、あえてつねに捜査状況をチェックし、必要に応じて叱咤激励するといったことを行なう必要がある。時効がないことの意味が、日本とは違っていたことに気がつかされた。

子どもを殺害され、長い期間を経て容疑者の逮捕に至った先輩遺族からは、「けっしてあきらめないで警察へ働きかけよ」という強い助言が、近年発生し未解決事件となっている遺族に対して行なわれていた。

なお、筆者はこの話を、子どもを殺された「父親の悲嘆」というセッションに参加していたときに聞いた。「父親の悲嘆」というセッションが特別に設けられているのは、アメリカ合衆国では父親は強く頼りがいがあるという性役割を担っており、通常は率直に悲しみを表出することが許されないため、ＰＯＭＣの大会で特に設けられているとのことであった。日本でも類似のことが男性に期待されているところがあるのではないかと推測される。すなわち、外見的には冷静に事態を受けとめ、沈着に行動し、危機的な状況のなかで、残された犯罪被害者の家族メンバーから頼りにされている父親あるいは夫こそが、もっとも援助を必要とする存在なのかもしれない。こうした懸念も、日本の自殺率の性別や年齢別の違いを見てみると、必ずしも杞憂とはいえないように思われる。男性の犯罪被害者等への支援も十分に推進され拡充される必要があるといえよう。

さらに、このセッションで――というよりも全大会を通じて――もっとも記憶に残っているのは、ある父親が、息子を殺した犯人は死刑になったが、自分の悲嘆はいっこうに止まらないと述べた言葉だった。

注

(1) 冨田信穂「アメリカ合衆国における被害者支援」犯罪被害者等基本計画推進三検討会合同ヒアリング、二〇〇六年六月三〇日(於、内閣府)。

(2) Parents of Murdered Children を直訳すれば、「殺された子どもの親の会」だが、日本語として不自然なため「子どもを殺された親の会」と訳することとした。

(3) アメリカ合衆国では、現在、仮釈放なしの文字どおりの終身刑の判決も行なわれている。

第6章 犯罪被害者等支援はどうあるべきか

この章では、まず、犯罪被害者等の支援として今後充実していく必要があることについて具体的に検討することとしたい。次に、国際的視点から見て、被害者支援を進めるにあたって考慮される必要がある枠組み、重要な前提について考察することとしたい。

1. 研修の充実

一九九〇年代後半以降、日本の犯罪被害者等への支援はさまざまな制度を創設し、飛躍的な発展を遂げた。

第一章で見たように、二〇〇四年、犯罪被害者等基本法が制定されて犯罪被害者等の権利が確認され、翌年、犯罪被害者等基本計画が閣議決定された。その後、犯罪被害者等施策推進会議のイニシャティヴのもとで、犯罪被害者等の支援制度が迅速に拡充された。刑事訴訟法が改正され、刑事裁判における被害者参加制度と被害者参加人のための国選弁護制度が創設された。損害賠償命令制度も創設された。少年法が改正され、少年審判における傍聴制度が創設された。さらに、犯罪被害者等給付金支給法が改正され、犯罪被害者等給付金の支給額が大幅に増額された。

今後のもっとも重要な課題は、いわばソフトウェアの充実であろう。たとえば犯罪被害者等給付金支給法の改正によって、支給額が自動車事故の自賠責保険に匹敵するほどになった。そればかりではなく、犯罪被害者等早期援助団体へ助成金を与えるとともに、その指定を目指す団体への指導と助成も可能にした。警察の助言と指導のもとで各都道府県に陸続として被害者支援センターが創設されている。今後は警察職員に依存することなく、犯罪被害にあった直後から犯罪被害者等に日常生活の適切な支援、病院や刑事司法機関への付き添いなどのサーヴィスを提供することになる。良質の支援サーヴィスを提供できるだけの資質と能力を持ち、訓練を受けたヴォランティアを揃えなければならない。すなわち何よりも研修制度を充実させる必要がある。研修のカリキュラムに応じたレクチャー、セミナー、実技、実習などのコースを修了した者に、クレジットやポイントを与えて、資格やランクを認定していくことなども必要となってこよう。受講生のなかには、これによって犯罪被害者アドヴォケートの資格を得て職業的、経済的に自立しようとする意欲的なミドルエイジの女性も現れてくることが予想される。

犯罪被害者等早期援助団体が、安定した良質のサポートを常時提供できるためには、おそらくヴォランティアだけに依存することはできず、フルタイムのスタッフやパートタイムのスタッフの採用も必要となってくるものと考えられる。こうしたスタッフの候補者も研修で養成されることとなろう。この意味でアメリカ合衆国のNOVAは非常に参考になるように思われる。また、英国のヴィクティム・サポートはヴォランティアとスタッフとの関係、能率的な人的配備と効率的な組織運営という点で重要な示唆を与えてくれるものと思われる。

2．犯罪被害者等弁護士の育成

研修が必要なのは、犯罪被害者等早期援助団体のヴォランティアやスタッフに限らない。犯罪被害者等へ対応する弁護士も研修を必要としている。第二章で紹介した大高緑地アベック殺人事件の犯罪被害者等の場合は、確かに弁護士は付いたが、その業務内容は主要には民事裁判、示談の成立とその履行という限定されたものであった。二〇〇八年一二月から始まった刑事裁判へ犯罪被害者等が出席する際の付添人弁護士として選任されるにあたっては、当然ながら犯罪被害者等に関する臨床心理的な知見と技能の習得も必要であろう。

現在、日本司法支援センター（法テラス）は電話相談を提供している。犯罪被害者等の希望に応じてより専門化された弁護士の紹介リストも持っている。しかし、これから弁護士の数が増えるにつれて、犯罪被害者等への対応に特化したり、あるいはそれに熟達した弁護士も生まれてくるものと思われる。

犯罪被害者等への対応に熟練した弁護士が、犯罪被害を受けた直後に受任し、犯罪被害者等の時間的経過に沿った各ステージのニーズに応じた相談、アドバイスやサポート業務を行なうようになることが望ましい。そのようなニーズの一つとして、犯罪発生直後、あるいは逮捕、初公判といったエポックメイキングな時点でのマスメディアへの対応ということも重要な職務の一つとなるであろう。第二章第一節で述べたマスメディアの集中的な取材に対しては、マスコミ対応のノウハウを身に付けた弁護士が、犯罪被害者等へのサポートの一環として十分に対処できるものと思われる(1)。

今後は、犯罪被害者等への援助の形態として、犯罪被害者等早期支援団体のスタッフやヴォランティア、弁護士、臨床心理士、精神科医といった異なった職種のものがそれぞれ独立して各犯罪被害者等に対応するのではなく、場合によっては地方自治体の社会福祉などの職員をもまじえて、できるだけ一つのチームを作って各犯罪被害者等を支援していくということが望ましいのではないだろうか。誰が中心になってマネージャー的な役割を果たすのかという課題はあるが、各犯罪被害者等から了承を得て上記の専門職が一定の情報を共有することによって、ケースごとにその時点でもっとも必要とされるニーズを把握して供給し、それを時系列的に変化させていくというような連携が必要となってくるものと思われる。必要とされる期間の長短はあろうが、再び社会生活へスムースに再適応できるように、組織間の連携によってサーヴィスが滞りなく安定的に提供されることがより可能となるであろう。そして、最終的にはその犯罪被害者等にとって、もはやそうしたサーヴィスを必要としないほどになってテイクオフし、自立していくということが望ましいと思われる。

こうした連携の形態を取ることによって、第二章の大高緑地アベック殺人事件の犯罪被害者等である母親に対しても適切に対処しえたのではないかと思われる。すなわち、突然の娘の死への心理的ケアを含めた対処、少年審判、刑事裁判、民事訴訟、鬱的状態、病気への罹患をはじめとしてそれぞれに異なるシークエンスでのニーズに適切に対応していくために、マルチディシプリナリー・チーム（multidisciplinary team、多職種連携チーム）を形成して対処していくというのが有効性を発揮するのではないかと考えられる。

3. 自助グループへの援助

他者のある姿しか見ていなかったり見せられていないと、それがその人のすべてだと思い込み、その人にそれ以外の生活があることに思い至らなかったり、そこでどのように生活しているのかまったく想像ができなかったりする。子どもの頃、オーケストラの演奏者はいつも家でも黒のスーツ、白のワイシャツに蝶ネクタイの服装で生活していると思い込んでいたことがあった。クラシック音楽を聴くのは好きで、いつも周りに生の音楽があふれているのはうれしいが、もしその家の子どもに生まれていたらいつもかしこまって親と対応しなければならないので大変だ、どちらがよかったのかと思い悩んだことがあった。もちろん、「自分が生まれた家庭環境とは異なる家庭環境に生まれていたならば」という想定は本末転倒で、ここに生まれた自分しかありえない。ここに生まれ育ったからこそ自分なのだというようには思わず、ごく自然に違うところに生まれていたならなどと考えるのはじつは荒唐無稽な仮定であり、そうした想像が容易にできてしまうというのは「自我の（肥大化した）病」といってもよいものだが、それが子ども時代にできるということはとても不思議な成長の一過程であるように思う。さて、本題に戻るならば、第四章でも述べたように、ニュースでは犯罪の被害にあった人や家族は、犯罪被害者あるいはその遺族としてしか現れない。犯罪被害者等として発言する機会を得て、犯罪被害者等が現在の制度の下で非常に過酷な条件に置かれていること、それに対する改善が急務であることを訴えるかもしれない。だが、常に犯罪被害者等として生活しているわけではない。

犯罪被害者等がそうではない人と接するときに、何かよそよそしさを感じることがあるかもしれない。それは一般の人が、犯罪被害者等は、言葉では言い表せない想像を絶するようなつらい経験をしている可能性があるのに対して、それほどの犯罪被害にあったことのない自分は、犯罪被害者等の経験を十分に理解する能力を備えていないと考えるためであろう。思わぬ言葉を発して、犯罪被害者等を傷つけてしまうのではないかと懸念したりもする。あるいは、土足でその心のなかに踏み込んでしまって、気持ちをかき乱すようなことがあってはならないと考え、積極的に関与しないようにするという場合もある。しかし、そうした配慮が、犯罪被害者等から見れば腫れ物に触るような態度と思われることもある。なにかギクシャクして、素直な気の置けない関係を形成するのが困難だという意識を招いたりもする。

犯罪被害者等の自助グループでの語りは、たとえば犯罪によって肉親を奪われた人どうしであれば、そうした遠慮は必要ないことになろう。何をどう語ったからといって、思わぬ誤解を招くことも少なければ、互いを尊重しあう関係においては、誤解が起きたとしても、険悪な雰囲気になるのが回避されることはもとより、関係の修復は容易である。もし考え方が合わないようであれば、共通の認識や問題解決の方法を持った犯罪被害者等が集まって新たな集団を形成すれば解決する。

犯罪被害者等にも、たとえば少年審判における被害者の傍聴をめぐって考えが異なる人がいるであろう。また、成人の刑事裁判においても、検察官の横に座って検察官の指導にもとづいて被告人質問や証人尋問を行ない、最後に求刑まで行なうことについて是とする人もいれば非とする人もいよう。そのように意見が分かれた場合、別のグループが形成されたりもする。そして、その新たなグループ内では、再び余分な気遣いをする必要がない親密な関係が形成されることを願いたい。そこで語られることは、事件のことにとどまらず、おそらく生活に関することがあるだろうと推測される。日常生活で遭遇するちょっとした困ったことについても話し合ったり、情報交換しあったりする機会を提供するという機能を果たしていくものであり、そうした自助グループの集まりを望む犯罪被害者やその遺族の意思が尊重され、支援が行なわれていくことも望まれる。自助グループは、直面する問題への解決策が犯罪被害者等の先輩から後輩へと伝達される場というばかりではなく、他者のまなざしからの自由を享受できる空間として、広い意味で社会への再適応をするために有益な空間としても有効であり、援助が推進されることを望みたい。

四．損害賠償命令の実効化

第三章では、約二〇年前のSさんのケースについて、犯行を行なった者六人のうち三人の少年本人と二人の親に関して示談が成立したことを紹介した。たしかに親たちの支払いは完了したが、成人の元男子少年からはまったく支払われておらず、他の二人の元女子少年からも途中で払われなくなった。

Sさんが示談を成立させたのが、もし二〇〇〇年に成立した「犯罪被害者等の保護を図るための刑事手続に付随する措置に関する法律」の施行以降だったならばと想定してみよう。まず、Sさんはその示談の内容を刑事裁判の公判調書に書き込んでもらうことができる。そして、もし相手がその決められた内容を履行しない場合は、この和解内容で強制執行の手続きへと進むことが可能になる。

しかし、Sさんの事件は実際にはこの法律の施行以前なので、時効の問題がクリアされていると想定して、どのようになるかを考えてみよう。Sさんがこの人たちに払ってもらうためには、まず彼らを見つけ出し、次に彼らを相手に通常の民事訴訟を起こさなければならない。民事裁判では示談を提出するだけでは足らず、Sさんは自分の言い分を主張し、相手が争う場合には立証していかなければならない。これらは素人では難しいので、弁護士に依頼することになれば費用がかかることになる。この裁判に勝訴してはじめて強制執行が可能となる。

さらに、Sさんの場合は殺人事件の遺族なので、この事件が、もし二〇〇八年一二月以降に発生していたならば、裁判所へ損害賠償命令の申請をすることもできる。Sさんは、刑事裁判が始まった後、最終弁論が終わるまでに、小額の二〇〇〇円を払って損害賠償命令の申請をし、刑事裁判で判決が出されるのを待つ。そして、判決が有罪だった場合、裁判所は申請の審理を行なって、原則として四回の審理期日内に損害賠償の命令を出すことになる。ただし、その命令内容に不服があれば、双方とも申し立てをすることができ、その場合は通常の民事裁判へ移行することになる。損害賠償命令の内容について、いずれからも不服の手続きがなされなければ、その命令は有効となり、もし加害者がそれに従って支払いをしないような場合には、そのまま強制執行の手続きへと進むことができる。このように損害賠償や和解について手続きが非常に簡略化されて、犯罪被害者に有利になった。

では、次の段階の強制執行の手続きに入ったとしてどうであろうか。じつは、その先は法律が改正される前も後も変わらないのである。第二章で述べたまったく払っていないC、Aにせよ、支払いを途中でやめたE子、F子にせよ、もし所在が不明であれば、その所在を見つけ出す必要がある。見つけ出しても、もし彼らに支払能力がなければ、払わせようにも払わせようがない。彼らからすれば、払おうにも払いようがない。では強制執行で、換金できそうなものは家財道具まで含め差し押さえてしまったらどうか。おそらく生活に困って、それこそ自分や家族が生きるために、犯罪でも何でも行なって生活収入を得るほか術がないと考える状況に彼らを追い込むことにもなる。考えてみれば、そもそも犯罪被害者等給付金制度が、往々にして犯罪を行なった側には損害賠償の能力がないことが多いため、少しでも犯罪被害者やその遺族の経済的なダメージを緩和させようとして設けられた制度だったのだ。

しかし、公判調書にまで書き込まれた和解や損害賠償命令が反故にされてしまっていいものであろうか。示談が成立したことが考慮されて、罰が減軽されて判決が下ることもある。刑事和解や損害賠償が履行されず、逃げ得になるというのは、遵法精神を損ない、裁判所の決定や命令や判決など守らなくてもいいのだという考えにさせかねない。それは、再犯防止の観点からも、社会での更生を図る上でも好ましくないであろう。

また、国連で一九八五年に採択された「犯罪とパワーの濫用の被害者のための司法の基本原則宣言」の「『被害者の権利』思想の根底にあるものは、『報復』ではなく、『被害を回復する』ことであり、そのために加害者（犯罪者）に『被害回復』の努力をさせることにある」[2]ということを尊重する意味からも、債務の支払いの履行は奨励されるべきである。

したがって、犯罪被害者等給付金として支払われた額を考慮しながら、債務を負っている元被告人が払うことの可能な総額で、毎月払うことが可能な額を再検討して決定し、その履行を監督するような機関が設けられることが望ましいと思われる。しかし、この国家の財政難のおりに、新たな機関を設けるのは容易ではないであろうから、少なくともそのような調整と斡旋を行ない、執行する役割と機能をいずれかの既存の行政機関あるいは司法機関が担っていく必要があると思われる。

これは被害者にとって益をもたらすばかりではなく、加害者にとってもきちんと支払うことによって義務を履行しているという満足感が与えられたり、贖罪の意識が再確認されたりして、再犯を防止する一助になるとも考えられる。また、なによりも支払いを可能にする条件として、刑事裁判に伴って損害賠償命令や公判調書に和解が書き込まれたケースについては、刑務所を仮出所した後の保護観察中ばかりではなく、その後の所在が明らかになるような仕組みが設けられることが望まれる。現在、時間と手間と費用を考えて、賠償を求めることを断念してしまっている状況も改善される必要があると考えられるからである。

5. 犯罪被害者等基本法と「市民的及び政治的権利に関する国際規約」

犯罪被害者等基本法に掲げられている「すべての犯罪被害者等は個人の尊厳が重んぜられ、その尊厳にふさわしい処遇を保障される権利を有する」という基本理念は、その根源を辿っていけば、世界人権宣言とそれを具現化した二つの国際規約「経済的、社会的及び文化的権利に関する国際規約」と「市民的及び政治的権利に関する国際規約」へと行きつく。

前者は国際人権A規約、後者は国際人権B規約と略称されているもので、日本政府はこれらを一九七九年に批准している。両者とも一九六六年に国連総会で採択されたものだが、それを批准した国は、二〇一〇年現在で、「経済的、社会的及び文化的権利に関する国際規約」、「市民的及び政治的権利に関する国際規約」ともに一六〇ヵ国以上に及んでいる。

この二つの人権規約はあえていえば国際連合の憲法や基本法のような位置を占めている。犯罪被害者等の権利は特に「市民的及び政治的権利に関する国際規約」との親和性が高い。

「市民的及び政治的権利に関する国際規約」を批准した国は、国会による批准の承認から一年以内に、それ以降は五年ごとにこの国際規約の履行条項についての報告書を国連の人権理事会に提出しなければならない。日本政府は一九九七年に提出して以来遅れていたが、二〇〇六年に提出し、二〇〇八年一〇月に国連のジュネーヴ本部の人権理事会で審査が行なわれ、筆者もそれを傍聴した(3)。

犯罪被害者等の権利は、「市民的及び政治的権利に関する国際規約」を前提とするものであり、この国際規約の条文と根本的な原則に則っている必要があり、さらにこの国際規約の履行状況について審査を行なう国連人権理事会の所見を尊重すべきものであるといってよいだろう。以下で、その総括所見を見ていくこととしたい。

規約第四〇条に基づき締約国から提出された報告書の審査 - 国際人権（自由権）規約委員会の総括所見　日本

一．国際人権（自由権）規約委員会は、二〇〇八年一〇月一五日及び一六日に開かれた第二五七四回、二五七五回及び二五七六回の会合で、日本の第五回定期報告書（CCPR/C/JPN/5）を審査し、二〇〇八年一〇月二八日及び二九日に開かれた第二五九二回、二五九三回及び二五九四回の会合で、以下の総括所見を採択した(4)。

三四項目の所見のなかには、審査の度に勧告を受け続けている項目として第一六項がある。

一六．委員会は、実際上は、殺人を含む犯罪に対してしか死刑が科されていないことに留意しつつも、死刑を科すことのできる犯罪の数が依然として減少していないこと及び死刑執行の数が近年着々と増加していることへの懸念を繰り返し表明する。委員会は、また、死刑確定者が単独室拘禁に付され、それがしばしば長期間にわたり、また死刑執行の日に先立って事前告知されることなく処刑され、高齢者や精神障がいがあるという事実にもかかわらず執行される例があることに懸念を有する。恩赦、減刑ないし執行延期に関する権限が行使されていないこと、またこうした救済措置を求める手続に関する透明性が欠けていることもまた、懸念事項である（規約六条、七条及び一〇条）。

締約国は、世論調査の結果にかかわらず、死刑の廃止を前向きに検討し、必要に応じて、国民に対し死刑廃止が望ましいことを知らせるべきである。……（後略）……

この文から、日本における犯罪被害者等の権利と犯罪被害者等への支援の拡充は、死刑廃止と両立しうるように推進されることが期待されているということが明らかになる。

6.「市民的及び政治的権利に関する国際規約」の「選択議定書」

しかし、日本では死刑制度が存在しており、死刑が合憲であるという最高裁の判決があると指摘する人がいるだろう。確かにそのとおりで、根拠とされるのは一九四八（昭和二三）年の大法廷の判決である。以下、その判決の理由部分を引用しよう。

弁護人は、憲法第三六条が残虐な刑罰を絶対に禁ずる旨を定めているのを根拠として、刑法死刑の規定は憲法違反だと主張するのである。しかし死刑は、冒頭にも述べたようにまさに窮極の刑罰であり、また冷厳な刑罰ではあるが、刑罰としての死刑そのものが、一般に直ちに同条にいわゆる残虐な刑罰に該当するとは考えられない。ただ死刑といえども、他の刑罰の場合におけると同様に、その執行の方法等がその時代と環境とにおいて人道上の見地から一般に残虐性を有するものと認められる場合には、勿論これを残虐な刑罰といわねばならぬから、将来若し死刑について火あぶり、はりつけ、さらし首、釜ゆでの刑のごとき残虐な執行方法を定める法律が制定されたとするならば、その法律こそは、まさに憲法第三六条に違反するものというべきである。前述のごとくであるから、死刑そのものをもって残虐な刑

罰と解し、刑法死刑の規定を憲法違反とする弁護人の論旨は、理由なきものといわねばならぬ。(5)

「将来若し死刑について火あぶり、はりつけ、さらし首、釜ゆでの刑のごとき残虐な執行方法を定める法律が制定されたとするならば、その法律こそは、まさに憲法第三六条に違反するものというべきである」という文言には、あきれるばかりである。これが当時の最高裁判所の裁判官一一名が全員で議論し、共同で執筆したり承認した文章だというのであろうか。不謹慎かもしれないが、中学生か高校生が人を笑わせようとしておどけて書いた冗談半分の文章というならばともかく、最高裁判所の裁判官たちが厳粛な面持ちで書いた文とは想像しがたい。いくら戦後間もない一九四八年だとはいえ、「火あぶり、はりつけ、さらし首、釜ゆで」といった方法が、日本で死刑執行の方法として将来法律で制定されたとするならばという想定は、いったいどこから出てくるのか。石川五右衛門の時代が再び日本にやってくるわけでもあるまいし……。より緻密な検討がなされてしかるべきところである。

なお、同じく著名な最高裁判所大法廷の、一九四九（昭和二四）年に無期懲役を合憲であるとした判決の理由部分には次の文言がある。

されば我が刑法においても現代文明各国の立法例と共に死刑を以て最重の刑として無期自由刑をこれに次ぐものとしているのである（刑法一〇条参照）。[6]

こちらの判決の文章表現は先述の判決文のような破天荒さはない。しかし、現在の状況とはまったく異なる。この文章は六〇年以上前の国際社会の状態には合致していたのであろう。しかし、今や「現代文明各国」のなかで、死刑を最重の刑としている国は、富豪層と貧困層との差が天文学的数値となっており、個人による拳銃等の火器の所持が実質的に許されているアメリカ合衆国一国が該当するだけである。しかし、そのアメリカ合衆国にしても、三〇％ほどの州はすでに死刑を廃止している。

上記の日本で死刑の合憲判決が最高裁判所大法廷で出された一九四八年には、死刑の廃止国はまだ多くはなく、二〇ヵ国に満たなかったと考えられる。たとえばヨーロッパでは通常時の犯罪に対してポルトガルが一九世紀に、スウェーデン、デンマークが第一次世界大戦後に廃止し、アイスランドは全犯罪に対して廃止していた。アメリカ大陸では、南アメリカでベネズエラが一九世紀に、エクアドルが一九〇六年に、ウルグアイが一九〇七年に戦時を含めて廃止しており、中央アメリカではコスタリカとパナマが戦時も含めて廃止していた。その後、日本と同様に第二次世界大戦で敗れたイタリアは一九四八年に、ドイツはその翌年に死刑を廃止するに至った。

一九九〇年には、廃止国（一〇年間死刑を執行していない国を含む）は八〇、これに対して死刑存置国は九六であった。ところが二〇〇九年末には、廃止国は一三九（その内訳は、全廃九五、通常犯罪に対して廃止九、事実上の廃止国三五）に対して、存置国は五八。このように急激に変化して大変動を起こし、存置国が一気に少数派に転落していったのである。

では、実際に死刑を執行した国についても見てみると、一九八九年は一〇〇あったのが、二〇〇八年は二五へと、これまた激減している。まだ死刑を続けている主要な国としては、中国、アメリカ合衆国、そして日本である。その他の国としては、ベトナム、北朝鮮、シンガポールという東アジア諸国以外、ほとんどがイスラム教国である。

死刑廃止国は、「死刑廃止条約」を批准することによって増加してきている。じつは、「死刑廃止条約」と呼ばれているものは「市民的及び政治的権利に関する国際規約」の「選択的議定書」として採択されたものである。すなわち、単に死刑を廃止するということではなく、人権を尊重し、性差別や人種差別をなくす、拷問などを許さない、そうしたことと同様に根本的な人権として遵守していくべき事項の一環という位置づけになっているのである。

銃があふれている国であるアメリカ合衆国でさえも、死刑執行の数は減少してきている。アメリカ合衆国では死刑が一時停止されていた後、一九七三年から再開が可能になったが、二〇〇三年にはイリノイ州ですべての死刑囚が無期刑に減刑されたりもしている。現在、アメリカ合衆国では死刑確定者が三〇〇〇人以上いるが、近年死刑が執行されるのは二〇〇七年に四二人、二〇〇八年は三七人といったように減少してきた。これと比較すると人口はアメリカ合衆国の約半分であり、銃の保持は禁止され、殺人事件の発生状況も格段に低い日本の二〇〇八年の死刑執行数は一五人であった。現在日本の死刑確定者は急速に増加し一〇〇人を超えるようになった。死刑確定者に対する執行率でみると、日本はアメリカ合衆国の約一〇倍となっている。むしろアメリカ合衆国のほうが死刑の執行に慎重を期しているということさえもできる。

日本では、敗戦後の混乱期を経て、経済成長期、社会の安定期に入って以降は、死刑執行数が一桁で五以下の年も多く、ゼロが数年間続くということもあった。それと比較してみるに、二〇〇七年の九人あるいは二〇〇八年の一五人というのは異例といってもよい。万が一、死刑囚の収容室の数が逼迫してきて、そのことが影響しているのであるとすれば、死刑の執行数の増加は本末転倒ということになろう。それは、死刑囚にとってみれば、自らの個人的な条件によるのではなく、コンティンジェント（偶然的）な要因によることになるからである。また、それ以前に、死刑判決数の増加こそが考察されるべきテーマということができよう。近年、特に殺人事件の数が増加したというわけでもなく、凶悪な殺人事件が急増したというわけでもない。むしろ、裁判所の量刑判断に大きな変化が生じたと考えるのが妥当といえよう。

確かに数は多いが、中国でさえも死刑の数を減らし、最終的に廃止することを目標としている。死刑の執行方法も、従来の公開の銃殺は廃止され、注射へと変更された。死刑判決についてはすべて最高法院で審査するシステムが導入され、人民中級法院が下した死刑判決の約一五％を証拠不十分などの理由で差し戻している。死刑に対して執行猶予制度を設け、たとえば判決後二年間の行状がよければ無期懲役へと減刑させる制度はすでに定着している。二〇〇七年には死刑判決の半分以上が執行猶予付の判決であった。こうした世界の趨勢に対して日本はどうであろうか。

二〇〇九年五月から、日本では裁判員裁判が開始された。投票権を有する国民から、ランダムにくじに当たった人が選ばれて裁判員となり、合議事件であれば三人の職業裁判官に六人の一般の人が加わって裁判が行なわれる。その対象となる事件は年間約二四〇〇件で、予想される死刑求刑事件は二〇件程度といわれている。一九九〇年以降を見ても二〇〇三年まで一桁であった年間の死刑確定数は二〇〇四年から二桁となり、二〇〇七年には二三にまでなった。

このように、国内的に見ると近年の死刑判決は顕著な増加傾向にある。他方で国際的に見ると、「市民的及び政治的権利に関する国際規約」の選択議定書を批准する国が増え、死刑の廃止国が激増し、存置国が激減し、先進国のなかでは個人が銃を保持することが許されているアメリカ合衆国を除いてすべての国が死刑を廃している。こうした状況において、日本では裁判員制度によって、一般の国民に死刑判決を下させようとしているのは、明らかに国際的な潮流に背馳し、逆行しているといわざるをえない。死刑はある人びとからは「国家による殺人」とまで呼ばれ、実際にヨーロッパの司法の専門家たちはそのように認識している。そうした行為に一般国民を関与させるのは、長期的な歴史的観点に立った場合、禍根を残すのは必定といえよう。そのようなことを国民に強いていては、憲法の前文にあるような、国際社会において尊敬される名誉ある地位を占めるための必要条件を得ることにも失敗してしまう、あるいはしまっていることになる。

国際的に見て安全度の高い国である日本は、人権を著しく尊重していない国、はなはだしく損ねている国や蹂躙している国があれば、それらの国に対して遵守を求め、場合によってはその履行を強く迫っていくことができる立場にあるし、過去の歴史的な経緯からそのようにしていく必要がある。もし人権を貶価しているような国が隣国にあれば、たとえ日本は第二次世界大戦中の過去の歴史において自国民、他国民を問わずその人権をないがしろにするようなことがあったとしても、現在それを克服して平和国家にふさわしく人権を尊重していることを世界に向けて明示できる。過去の歴史について日本を非難している国が自ら現在国内において人権を蹂躙していることがあれば、そのことを明確に指摘して、その改善を強く求めていくという国際的な姿勢を示すこともできる。経済的にも凋落し、国際的地位も低落している日本が、国際社会において尊敬されうる国として影響力を保持していくためには、せめて人権を尊重しているというハードルをクリアする必要がある。

7. 死刑の犯罪抑止機能

死刑制度を維持する理由としてしばしば犯罪の抑止効果ということが唱えられる。しかし、それは現在のところ国際的にも立証されていない。逆に、日本では最近、死刑制度がむしろ大量殺人を誘発しているのではないかとさえ思われる状況が出現している。

二〇〇八年に土浦市JR荒川沖駅で、二人を殺害し六人に傷害を負わせた被告人は、弁護人の主張によれば、犯行の動機は、「ファンタジーの世界を愛しており、『現実の世界では魔法が使えない』ことなどから、人生はつまらず、死にたいと考えるようになった。確実に、苦しまず死ぬには死刑が一番で、死刑になるために無差別殺傷を実行した」とされ、他方、「検察側も同様に、動機は『多くの人を殺害して死刑になるため』だったとしてい」た。(7) この被告人は、第一審で死刑判決が下りると、弁護士による控訴を取り下げて、自ら死刑を確定させた。

朝日新聞に掲載された記事で「死刑になりたい」と供述したとされる最近の事件として提示されている事件の中から比較的よく知られている事件だけ、約半数を抜き出しても以下のような事件がある。(8)

二〇〇一年六月　大阪府池田市の大阪教育大学付属池田小学校の児童八人殺害事件

二〇〇四年五月　金沢市の高一の少年が民家に侵入し、金づちで姉妹を殴打した殺人未遂事件

二〇〇七年九月　広島市の平和記念公園の男性刺殺事件

二〇〇八年二月　東京都新宿区の神社の殺人未遂事件

二〇〇八年三月　茨城県土浦市のJR荒川沖駅八人殺傷事件

二〇〇八年四月　鹿児島県始良町のタクシー運転手殺害事件

第一の大阪教育大学付属池田小学校殺傷事件の被告人は、地方裁判所で死刑判決が下りた後、弁護士の控訴を自ら取り下げて判決を確定させ、その約一年後に死刑が執行された。この被告は府警の調べに「エリート校の子どもをたくさん殺せば、確実に死刑になると思った」と動機

を供述したとされる。金沢市の事件は、一五歳の高校一年生の少年が「生きていても仕方がない。人を殺して死刑にしてもらおう」と犯行を決意したとのことで、家庭裁判所で医療少年院への送致が決定した。広島平和記念公園での殺人事件については新聞記事を引用しよう。

路上生活の男に無期懲役　平和記念公園殺人で広島地裁（以上見出し——引用者）

広島市中区の平和記念公園で平成一九年九月、知人の男性を刺殺したとして殺人罪などに問われた住所不定、無職のT被告（六五）の判決公判が一五日、広島地裁であった。奥田哲也裁判長は「短絡的で身勝手な犯行」などとして、求刑通り無期懲役を言い渡した。

判決理由で奥田裁判長は、路上生活を送っている自分自身に悲観し、人を殺すことで死刑になろうと考え犯行に及んだ——と指摘。「知人の路上生活者の男性を自己中心的に道連れにしようとした」などと述べた。

この日の公判では、主文と判決理由の言い渡し後、T被告が突然、「死刑になりたいので控訴します」と発言。奥田裁判長が「もっと真剣に自分の犯した罪について考えなさい」と叱責する一幕もあった。(9)（なお被告人名を匿名化した——引用者）

上記の新聞報道にあるように、この被告人は第一審で無期懲役の判決が下されたのに対して、死刑になりたくて殺人を犯したのであるから、死刑判決を求めて控訴するとまで裁判官に向かって発言している。

これに対して、抑止効果としていわれるのは、二〇〇七年八月に愛知県で起きたいわゆる闇サイト殺人事件だ。インターネットの匿名のいわゆる闇サイトで、殺人の請負を募集して応募してきた二人とともに、帰宅途中のOLを襲って所持金約六万円とキャッシュカードを奪い、ガムテープ、ポリ袋、ハンマーを使って殺害し、岐阜県の山林に遺体を遺棄した。地方裁判所の判決では二人に死刑の判決が下り、首謀的役割を果たした男が無期懲役となった。その理由は、この男が死刑になるのを恐れて自首してきたためというものである。しかし、これは犯行をした後の行為であり、犯罪を未然に防止するという抑止効果ではない。

アメリカ合衆国をはじめとする世界の死刑に関する研究では、死刑の犯罪抑止効果は証明されていない。むしろ現代日本では、死刑の殺人促進効果が証明されるかもしれないと考えられるほどの状況になっている。

8．憲法で認められた権利の尊重

先に紹介した、二〇〇八年一〇月の国連人権理事会による日本政府の「市民的及び政治的権利に関する国際規約」の履行状況に対する総括所見では、裁判で死刑判決を受けた被告人について、以下のような懸念と勧告が表明されている。

一七．委員会は、有罪とされ死刑を言い渡されても上訴権を行使しない被告人の数が増加していること、裁判所が再審開始を決定するまでは、死刑確定者と再審請求を担当する弁護士との面会に刑事施設職員が立会い、監視をすること、再審や恩赦の請求に死刑の執行を停止する効力がないことを、懸念を持って留意する（規約六条、一四条）。

締約国は、死刑判決に対する（上訴審における）再審査を義務的とする制度を導入し、また死刑事件の再審請求や恩赦の出願による執行停止効を確保すべきである。執行停止の濫用を防止するため、恩赦の出願の回数には制限が設けられてもよい。締約国は、また、再審に関する死刑確定者と弁護士との間のすべての面会の厳格な秘密性を確保すべきである。

確かに、地方裁判所で死刑判決を受けた後、高等裁判所へ控訴しないで確定させ、刑に服しようとする被告人が近年目立つように思われる。

裁判を一回のみして死刑が確定した裁判としては、二〇〇一年六月の大阪教育大学付属池田小学校殺傷事件の被告以外に、近年では、「二〇〇四年一一月発生　二〇〇六年九月地方裁判所死刑判決　奈良幼女誘拐殺人事件」、「二〇〇八年五月発生　二〇〇九年一二月地方裁判所死刑判決　JR荒川沖駅殺傷事件」などがある。

上記に引用した日本政府の報告書に対する国連人権理事会の総括所見においても、死刑判決については、上訴審における再審査を義務化すべきであるとしている。このような表現は好ましくないかもしれないが、人口も日本の一〇倍以上あるとはいうものの、世界で死刑判決がもっとも多い中国でさえも、先に述べたように、死刑判決については人民最高法院が再審査するシステムになっている。わが国において、奈良の幼女誘拐殺人事件では、被告人が、弁護士の控訴を取り下げてしまったが、やはり控訴を望むということで抗告、特別抗告を繰り返したが、認められなかった。

地方裁判所の第一審で死刑判決が下りた場合、被害者の遺族のかたが被告人に対して、自分がしたことを反省して申し訳ないと思うのであれば控訴すべきではない、と発言されているのをテレビニュース等で見たり、新聞記事で読むことがある。これ以上裁判を長引かせて犯罪被害者等の苦しい気持ちをさらに延長させたり、宙ぶらりんのままにしてつらい思いをさせたり、荒立て続けるようなことはしてほしくないという気持ちは至極もっともだと思う。また、他人の命を奪ったのだから自らの命で償うのは当たり前であって控訴せずに潔く刑の執行を受け入れてほしい、という気持ちも十分に理解できる。ただし、そのことを言明することによって、被告人に上訴することを断念させたり、上訴しないように仕向けていったりするようなことは、上記の国連人権理事会の総括所見の観点からもけっして望ましいとはいえない。わが国の裁判所は三審制をとっているのであるから、たとえ非常に残酷な事件で、どれほどそのようなことをした被告人を許しがたいと考えたとしても、憲法でも定められている裁判を三回受ける権利が保障される必要があると思われる。(10)

9．犯罪被害者等への支援の推進にあたって日本が目指すべき道

犯罪被害者の権利は非常に重要であり、十分に尊重されなければならない。そして、それは人権の尊重というより普遍的な原理のもとで保障されるべきものと考えられる。

海外に目を転じると、日本と同じ当事者主義という訴訟構造をとる英国とアメリカ合衆国で

は、犯罪被害者が、検察官の横に座って裁判全体に参加し、被告人、証人や参考人に質問したり、量刑についても意見を述べて実質的に求刑を行なうということはまだ認められていない。あくまで裁判の証人としての発言が中心である。とりわけ事実認定を厳格に行なおうとするアメリカ合衆国では、他の証人が証言している内容を法廷の傍聴席で聞くことが制限されていることもある。また、「ヴィクティム・インパクト・ステートメント」は一般的には文書が読み上げられるにとどまり、それを行なう時期や方法についての取り決めがある。通常、ヴィクティム・インパクト・ステートメントは事実認定が終了した後、判決の刑罰や刑期を言い渡す前に行なわれる。アメリカ合衆国の州によっては認められているビデオやパソコンのプレゼンテーション・ツールによって提示される映像やバックグラウンド・ミュージック等の使用については、やはりさまざまな条件が課せられている。

ヨーロッパの大陸部では、犯罪の被害者や遺族が検察官と同席している国がある。ただしそれらの国は、日本とは訴訟構造が異なる職権主義に基づいて刑事裁判を行なっている国である。また、ヨーロッパ諸国では、刑事裁判で被害者やその遺族が被告人に死刑を求刑することはできないという点が日本とは大きく異なる。犯罪被害者が被告人に命で償ってほしいと要求することはない。刑事裁判が、目には目を、歯には歯を、命には命をといった復讐の場になることが避けられている。この根本的な違いについての十分な認識のないままにわが国に導入された刑事裁判への被害者参加制度は、とりわけ一般の国民が裁判官と同等の資格で刑事裁判に参加する裁判員制度と組み合わされたときに、おそらく今後、再検討されるべき重大な課題をもたらすということができる。

命の尊さを認識しているがゆえに、命でもって償うという死刑制度があり、それが実際に執行される必要があるのだという人もいるだろう。確かにそのように言うこともできるかもしれない。しかし、ヨーロッパをはじめとする死刑が廃止されている国では人命が尊重されていないのだろうか。死刑を行なっている国は、死刑を行なっていない国よりも人命を尊重しているといえるのだろうか。もっとも多く死刑を行なっている国がもっとも命を尊いと認識している国なのだろうか。

ヨーロッパにおいては、死刑が廃止されているからこそ、犯罪被害者や犯罪被害者遺族のかたがたが参観に出かけられて、日本においてもその制度を実現したいと考えた犯罪被害者の刑事裁判への参加制度が進展し、また犯罪被害者へのサポート体制が充実したのではないのだろうか。

私は日本国憲法のなかで、非常に気になっている言葉がある。「われらは……国際社会において、名誉ある地位を占めたいと思う」という前文の言葉だ。

日本国民は、恒久の平和を念願し、人間相互の関係を支配する崇高な理想を深く自覚するのであって、平和を愛する諸国民の公正と信義に信頼して、われらの安全と生存を保持しようと決意した。われらは、平和を維持し、専制と隷従、圧迫と偏狭を地上から永遠に除去しようと努めてゐる国際社会において、名誉ある地位を占めたいと思ふ。われらは、全世界の国民が、ひとしく恐怖と欠乏から免かれ、平和のうちに生存する権利を有することを確認する。

われらは、いづれの国家も、自国のことのみに専念して他国を無視してはならないのであって、政治道徳の法則は、普遍的なものであり、この法則に従ふことは、自国の主権を維持し、他国と対等関係に立たうとする各国の責務であると信ずる。

国際社会は平和を維持する国ばかりとはならないし、専制や圧迫を除去しようとしている人びとや国ばかりとはいえない。しかし、私たちは、「自国のことのみに専念」せず、国際社会におけるより「普遍的」な価値や法則を重視し、国際的な規則、基準、条約を遵守尊重し、「国際社会において名誉ある地位を占め」ることはできないであろうか。

日本人は、第二次世界大戦中にアジア諸国や太平洋地域で行なったことのために、残念ながら人権を尊重しない傾向を持つ国民であり国であると見られている。たとえばシンガポールなどで、捕虜を虐待した罪で日本人の下級将校や下士官、兵士が裁かれて有罪の判決を受け、B級またはC級戦犯として死刑判決を受けた。しかし、彼らは「生きて虜囚の辱めを受けず」と訓練されてきた。彼らは日本の国内的な価値に忠実であっただけだということもできる。国際条約で捕虜についてどのように扱わなければならないと定められているか、といったことなどについて十分に教育されたこともなければ、知るよしもなかった。外地で国家に対する忠誠心と使命感から勇敢に戦っている日本兵士の眼には、外国軍の捕虜は意気地なしであり、兵隊の風上にも置けない存在として映ったに違いない。国際法に定められた捕虜の扱いに関する規定について十分に知らされないままに、投降した外国の兵士にそれに「ふさわしい」と考えられる待遇を与えただけだったのかもしれない。しかし、それは基本的な国際条約に違反する行為に該当した。

国民の司法参加は好ましいものだ。しかし、将来国際刑事裁判所等で裁かれることはないにせよ、歴史的にけっして高く評価されることはなく、否定的に評価されることが十分に予想される行為に国民を制度的にコミットさせることがはたして適切であろうか。何かそこに工夫の余地はないだろうか。

裁判員制度と被害者参加制度が合わさったもとで、検察官によって死刑の求刑がなされ、さらには被害者の遺族からも死刑の「求刑」がなされるということが起こることとなった。裁判員が、短期間の集中審議によって死刑判決を下していくことがあるとすれば、それは今後の人類の歴史において、そして長期的で国際的な観点から見たわが国の歴史において、将来肯定的ではない評価が与えられると考えられる。

国民が悔いのない形で社会的貢献を果たしうること、それがその人びとの現在の主観的な意識においてばかりではなく、将来においても客観的に保障されるようにすること。そのためにはある人びとの理解と力添えが必要だ。

日本は、今後とも犯罪被害者等の権利を尊重し、支援を充実させていくことが望ましい。ただ、それは以下の二つの条件の下に推進される必要がある。その第一は、犯罪被害者等の権利がよって立つ「市民的及び政治的権利に関する国際規約」やその「選択議定書」の世界的な批准状況と調和的に推進されること(11)。第二は、犯罪被害者等の権利を尊重し支援を充実させていく過程と結果において、刑事司法制度による新たな国民の〈被害者〉を作らないこと、である。この二点について、今、私たちが創意し、工夫し、努力することが求められている。

注

(1) 梓澤和幸『報道被害』岩波新書、二〇〇七年、六七頁。梓澤氏は、一九九九年に起きたいわゆる「桶川ストーカー殺人事件」の際に、弁護士の活動とアドヴァイスによって被害者の遺族への集中豪雨的取材が終焉した事例を紹介している。

（2）諸澤英道「被害者の権利と被害者政策」諸澤英道編『現代のエスプリ』三三六号、一九九五年、一〇〇頁。

（3）私はどの団体にも所属することなく単独で、二〇〇八年一〇月一五日と一六日に、ジュネーヴにある国連国際人権規約理事会での日本政府報告書の審査を、人権規約理事会事務局の許可を受けて傍聴した。丁重だが激しいやり取りを聞きつつ、優秀な人材で形成されている日本政府の代表団が、刑事司法に関する項目で、なぜこれほどまでに防御に回らなければならないのか、準備のための時間とエネルギーとを想い、その結果得られる国際的な「成果」を目の当たりにして、非常に残念な思いに駆られた。もう少し付け加えるならば、議論を聞いていて、どうしてこれほどまでに批判されなければならないのか、これほどまでに激しい非難を浴び、屈辱を味あわなければならないのか、涙が出るほどであった。これほどきびしい国際的な批判が寄せられていることを、日本政府は国民にきちんと知らせているのだろうかという疑問にかられた。

（4）日弁連ホームページ　国際人権についての情報・資料一覧。なお、本章では日本弁護士会連合会による仮訳を用いる。

（5）最高裁判所大法廷　昭和二二年（れ）第一一九号　尊属殺殺人死体遺棄被告事件　昭和二三年三月一二日。

（6）最高裁判所大法廷　昭和二三年（れ）第二〇六三号　強盗殺人未遂銃砲等所持禁止令違反被告事件

昭和二四年一二月二一日。

（7）『MSNニュース』、二〇〇九年六月六日。

（8）『朝日新聞』、二〇〇八年五月一〇日。

（9）『産経新聞』「路上生活の男に無期懲役　平和記念公園殺人で広島地裁」二〇〇九年七月一五日。

（10）国連の「犯罪とパワーの濫用の被害者のための司法の基本原則宣言」においても、「被告人に不利益を与えることなく」と記されている。

（11）日本弁護士会連合会は、二〇〇六年一〇月、「死刑制度の廃止を含む刑罰制度全体の改革を求める宣言」を行なった。

あとがき

少年犯罪によって二〇年以上前に子どもの命を奪われた遺族のケースを手がかりとして、犯罪被害者等への支援のあり方について検討した。個別の事例について集中的に考察するとともに、それをより広い社会的コンテクストにおいて探究することを試みた。

日本における犯罪被害者等への支援は一見したところでは刑事政策の一領域であり、純粋に内政に関する問題と思われるかもしれない。しかし、現代においては国際的な観点が重要になってくる。刑事司法にかかわる改革も、その個別領域を超えて日本社会全体さらに地球的規模における位置づけが要請される時代となった。今や刑事政策は国際社会における国家戦略の一環としての意味を十分に持つにいたっている。こうした点について読者の理解を得ることができたならば、拙いながらも本書を記述した目的は達成されたものといえよう。

本書の出版にあたっては多くのかたのお世話になった。まず、昭和堂編集部の村井美恵子さんに厚くお礼申し上げたい。卓越した編集センスで本書の完成へと導いてくださった。私としても七年越しの約束をようやく果たせたことを非常にうれしく思う。

執筆の過程で助言と提案をしてくださったかたにもお礼申し上げたい。少しでも読みやすいものになっているとすれば、編集にプロフェッショナルとして携わってこられたそれらのかたがたのおかげである。デラウェア大学のJoel Best（ジョエル・ベスト）教授は重要な助言を、ケンブリッジ大学のLoraine Gelsthorpe（ローレイン・ゲルストホープ）講師とAlison Liebling（アリソン・リーブリング）教授は貴重な機会を与えてくれた。勝手な生き方と自由な主張をすることを許容し続けてきてくれた父母にも感謝したい。

なお、本書の調査に係わる部分は「一九八〇年代における少年犯罪の被害者に関する研究」平成一九年度—平成二〇年度科学研究費補助金（課題番号　一八五三〇〇五二　研究代表者鮎川潤）に基づいていることを付記しておきたい。

二〇一〇年　蝉しぐれの降り注ぐ日に

鮎　川　潤

［第四刷への追記］二〇一七年、刑法が改正され、強姦が強制性交等となったので、それ以降に係わる記述を改めた。

参考文献

（本文中で引用したものを除く）

安部哲夫「ドイツにおける被害者支援と法整備の状況」犯罪被害者等基本計画推進三検討会合同ヒアリング、二〇〇六年六月三〇日（於、内閣府）。

鮎川潤「少年の更生と被害者の損害回復」『被害者学研究』第一六号、二〇〇六年。

大谷實・宮澤浩一編『犯罪被害者補償制度』成文堂、一九七六年。

奥村正雄「イギリスの犯罪被害者対策」犯罪被害者等基本計画推進三検討会合同ヒアリング、二〇〇六年六月三〇日（於、内閣府）。

犯罪被害者自助グループ緒あしす『いのちかなでる』立花書房、二〇〇六年。

諸澤英道（訳著）『被害者のための正義　国連被害者人権宣言関連ドキュメント』成文堂、二〇〇三年。

ジョン・ギリス（Gillis, John）「米国における犯罪被害者支援」『警察学論集』第五六巻第七号、二〇〇三年。

ダグマ・クーベ（Kube, Dagmar）、宮澤浩一「ドイツにおける被害者支援について」『警察学論集』第五四巻第七号、二〇〇一年。

エリザベス・ネビル（Neville, Elizabeth）「英国における犯罪被害者支援」『警察学論集』第五六巻第七号、二〇〇三年。

『犯罪白書』

『犯罪被害者白書』

朝日新聞、読売新聞、毎日新聞、日本経済新聞、産経新聞、中日新聞の記事データベース。

判例データベース（Lexis/Nexis, LEX/DB）

他

■著者略歴

鮎川　潤（あゆかわ・じゅん）

1952年　愛知県に生まれる。
東京大学卒業、大阪大学大学院人間科学研究科後期博士課程中途退学。
松山商科大学（現、松山大学）、金城学院大学、スウェーデン国立犯罪防止委員会客員研究員、南イリノイ大学フルブライト研究員、ケンブリッジ大学客員研究員、ウィーン大学客員研究員を経て、
現在、関西学院大学法学部教授。博士（人間科学）。

単著
『犯罪学入門』（講談社現代新書）1997年
『少年犯罪』（平凡社新書）2001年
『新版 少年非行の社会学』（世界思想社）2002年
『少年非行　社会はどう処遇しているか』（左右社、2014年）
『新しい視点で考える犯罪と刑事政策——国際的・比較文化的アプローチ』（昭和堂、2017年）

編著
『新訂　逸脱行動論』（日本放送教育振興会）2006年

監修
『戦前期少年犯罪基本文献集』（日本図書センター）2009－2012年

論文
“The United States and Smoking Problem in Japan,” Best, Joel ed. *How Claims Spread: Cross-National Diffusion of Social Problems*. Aldine de Gruyter.
“The Sociology of Social Problems in Japan,” *The American Sociologist*, Vol.31, No.3.
他

再検証　犯罪被害者とその支援

2010年10月25日　初版第1刷発行
2017年10月5日　初版第4刷発行

著　者　鮎　川　　潤
発行者　杉　田　啓　三

〒606-8224　京都市左京区北白川京大農学部前
発行所　株式会社　昭　和　堂
振替口座　01060-5-9347
TEL（075）706-8818 / FAX（075）706-8878

印刷　亜細亜印刷

ISBN 978-4-8122-1044-4
＊落丁本・乱丁本はお取り替え致します。
Printed in japan